치앙마이래빗의 태국 요리 여행

치앙마이래빗의
태국 요리 여행

옐로브릭

차례

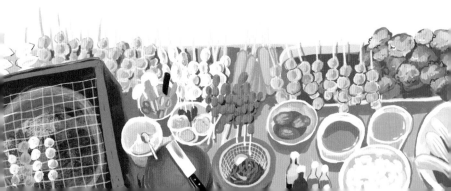

일러두기

- 태국어 표기는 저자의 뜻에 따라 태국 현지에서 통용되는 발음에 가깝게 표기하였습니다. 따라서 국립국어원의 외래어표기법과는 차이가 있습니다.
- 저자가 완디학교에서 수료한 코스는 4주 동안 150시간으로 구성된 기초 태국요리 과정으로, 요리와 디저트 50종을 배우는 코스입니다. 영어 수업으로 한 선생님에게 학생 두 명이 배우는 과정이지만 이 책에서는 일대일 수업으로 설정하고 요리 과정과 일정을 축약했습니다.

Bangkok

사진으로만 봤던 완디요리학교. 1993년에 완디 나쏭크란 교수가 설립하고, 최초로 태국교육부의 인증을 받은 요리학교로 태국요리사 자격증 코스를 밟을 수 있어요. 태국 전통 방식을 엄격하게 고수하는 곳으로 내·외국인 모두 많이 배우러 옵니다. 자매 기관으로 완디요리기술대학, 태국요리 레시피를 영상으로 찍고 태국 지방의 잃어버린 레시피를 찾아 보존하는 완디미디어가 있어요.

· 완디요리학교 http://www.wandeecookingschool.com
· 완디 요리기술대학 http://www.wandeecollege.com
· 완디미디어 http://www.wandeemedia.co.th

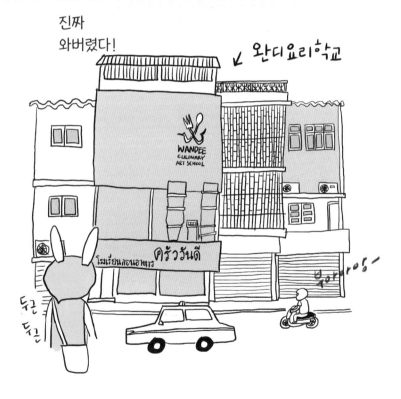

진짜
와버렸다!

← 완디요리학교

드디어 등록!

신청서를 작성하고, 카드 긁고
레시피북, 과일조각책, 조각칼, 조리복, 앞치마,
요리스케줄이 있는 출석부를 받았어요.

그러나 가장 충격을 준 소식은
자격증을 받기 위해서는
시험도 꼭 봐야 한다는 것!

긴장된다. 시험이라니…
요즘 체력도 떨어졌는데
몸으로 배워야 하는 수업을 잘 할 수 있을까?
이미 방콕까지 왔음. 되돌릴 수 없음.
이제 그냥 고! 무조건 고!

짜잔-

셰프 복장
래빗!

유니폼과 앞치마를 두르니 기분이 묘해요.
전혀 예기치 못한 새로운 일에 도전! 잘 할 수 있겠죠?

셰피!

어머 어머!
웬일이야.
괜찮다!
뭔가 프로의
향기가…

언능 자라.

선글라스는
벗고 해야징!

헤헤~

뿌싱 뿌싱
래빗쓰

이 책의 등장인물

방콕 방콕

헥 헥

훗

음 저 녀석을
태국 요리사로
만들면,
평생...

치앙마이래빗
어쩌다 보니 방콕 요리유학

하니캣

치앙마이래빗과 하니캣은 태국 여행 중에 만나 결혼했어요. 결혼 후 바로
방콕으로 가 4년을 살고, 그 후에도 치앙마이에서 2년 더 살았답니다.
태국에서 만나 행복한 추억이 많아서인지 지금도 태국을 아주 사랑하여 틈만
나면 태국에 가고 싶어 해요. 이번에도 태국음식 먹다가 아예 배우겠다고
방콕으로 떠나게 되었답니다.

절구질의 예술, 남프릭

첫날, 떨리는 마음으로
학원에 갔어요.

사왓디카~

사왓디카

다른 학생들에게 인사도 하고

사왓디카~

드디어 선생님도 만났어요.

저를 맡아주신 쏨 선생님. 예상보다 젊은 이십대 후반의 여자였어요.
태국인은 별명을 주로 사용하는데 쏨은 오렌지라는 뜻이에요.
중국계 태국인으로 인상이 한국인과 비슷했어요.

이 정도는
껌이지~

이래 봬도
주부임.

탁
탁

탁탁

동글썰기

어슷썰기

깍뚝

길게
(김밥용)

반달
썰기

작은깍뚝

더 작은
깍뚝

채치기

박살내기
ㄱㅋ
(다지기)

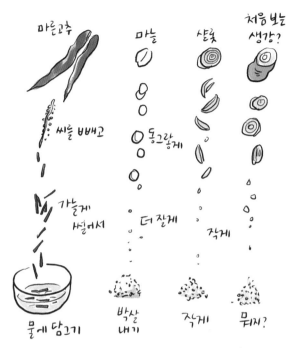

마른고추

씨를 빼고

가늘게 썰어서

물에 담그기

마늘

동그랗게

더 잘게

박살 내기

샬롯

작게

작게

처음 보는 생강?

작게

뭐지?

1단계 미션 클리어!

오예!

충하하하

역시 첫날은 요리의 기본 연습!
여러 가지 썰기부터 했어요.
어린아이가 걸음마를 배우듯
첫 단계부터 해나가는 거죠.
뭐든지 기본이 중요하죠.

2단계 미션: 가스불 관리하기

프로판가스에 라이터를
이용해 불 붙이는 건 좀 무서웠어요.

할 수 있어요.
천천히…

꺄~
무서워ㅠ

약불

중불   불꽃이
바닥에 닿는 정도

강불   불꽃이
냄비 위로 올라옴

태국 요리에는 중불을 가장 많이 쓴대요. 중국 음식처럼 강불을 많이 쓰는 줄
알았는데, 강불은 요리 마지막 단계에 잠깐 쓰곤 한답니다.

3단계 미션: 마른고추, 마늘 튀기기

왜 튀기라는 거지?

골드브라운 색으로

다음은 마른고추와 마늘을 바삭하게 튀겼어요.
이렇게 해서 여러 요리에 다양하게 쓰더라고요.
마른 재료를 튀기거나 생재료를 구워서 사용하면 향이 더 진해져요.

맙소사, 진짜 힘들어요!
앞서 잘게 저민 재료들을 순서대로 넣고 빻고 또 빻는데도 계속 빻으래요!

온 몸이 녹는거 같다.

잘 했어요
래빗님.

여기
오늘
만든 거요.

 사계절이 있는 한국에서는 된장, 고추장 등을
일 년에 한 번 크게 담아 사용하잖아요.
만들 때 시간도 오래 걸리고 보관을 위해 소금을 많이 사용하죠.

하지만 열대나라인 태국은 다르죠.
사계절 내내 따뜻하고, 먹거리가 늘 풍부해요.
태국인은 장을 매일, 다양한 재료를 이용해 만든답니다.

깡 깡 깡

깡 깡 깡

절구질을 매일?

빨강, 노랑, 푸른색 고추를 이용해 빨간 장, 노란 장, 녹색 장을 만들기도 하고, 여러 색의 고추를 섞어 넣기도 하고, 젓갈을 넣기도 하고, 생선살을 발라 넣기도 하고, 과일을 섞는 등 정말 다양하죠. 전통적인 태국 가정식은 이런 남프릭에 각종 채소, 전, 달걀, 고기나 생선 등을 곁들이는 형태랍니다. 한국인이 김치를 즐기듯, 태국인은 이 남프릭을 좋아한답니다. 과일도 찍어 먹을 정도예요.

태국 가정식
기본 샐러드

지금도 시장에 가면
원하는 남프릭을 바로
만들어 주지요. 근처에서
채소나 생선 등을
사와 먹을 수 있어요.

아하~

남프릭은 찍어 먹는 장으로만 쓰는 건 아니에요. 남프릭을 물에 풀어 국을 끓이기도 해요. 태국어로 국을 깽이라고 부르는데, 깽쏨은 붉은 국, 깽펫은 매운 국, 깽쯧은 맑은 국을 뜻하죠. 깽쏨의 경우 남프릭이 들어갑니다.

남프릭을 코코넛 크림에 넣고 끓인 게 바로 커리입니다.
이 경우 남프릭을 빻을 때 커리 향신료를 추가해 만들게 되죠.

시장에 가면 이렇게 깽이나 커리를 위한 남프릭을 그램 단위로 파는 것을 볼 수 있어요. 이렇게 상품으로 파는 건 아무래도 소금이나 방부제가 들어가기도 하죠. 남프릭은 하루나 이틀 안에 먹어야 하고 냉장고에서는 일주일 정도 보관 가능해요.

키마우볶음용 남프릭
100g에 17밧

깽쿠아용 남프릭
100g에 13밧

파냉커리용 남프릭
100g에 15밧

아하~

깽케아우완용 남프릭
100g에 15밧

깽쏨용 남프릭
100g에 13밧

시장뿐 아니라 슈퍼와 작은 상점에서도
남프릭을 파는 모습을 많이 볼 수 있어요.
그야말로 태국 음식에서 남프릭은 빼놓을 수
없는 중요한 요소랍니다.

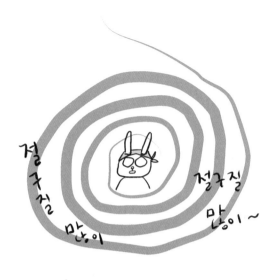

절구질 많이 절구질 많이~

나 달토끼 되는 거야?

크아아아아

학원 첫날, 저는 그렇게 충격과 경악 속을 헤매며 집으로 돌아왔습니다.

각오했지만 첫날은 역시 힘들었어요. 난생 처음 하는 절구질…. 그날 만들어 온
한 덩이의 붉은 고추 남프릭은 다음 날 쌈장으로 먹었어요. 뭔가 오묘한 맛이
나는 듯했어요. 마치 태국음식을 처음 먹어보는 느낌이었죠. 내 손으로 직접
만들어서일까요? 태국에 제법 오래 살았다고 생각했는데 남프릭에 대해
한 번도 생각해 본 적이 없어요. 그러고 보니 시장에서, 슈퍼의 진열대에서
남프릭을 그렇게나 많이 봤는데도 말이죠. 그날 서점에 가니 정말 남프릭에
관한 책들이 많더라고요. 태국음식의 중요한 비밀을 하나 알아낸 기분이었어요.

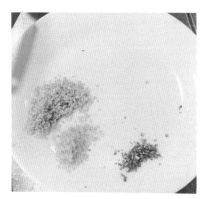

첫날의 기록:
아주 잘게 썬 재료들과 화강암 절구

◆ 둘째 날 ◆

커리의 기본, 향신료 수업

미션!

통백후추 1/2작은술
고수 씨 1/2작은술
쿠민 씨 1/4작은술
말린 치파고추 5개
카피르라임 껍질 1/2작은술
갈랑갈 저민 것 1과 1/2작은술
레몬그라스슬라이스 1큰술
고수 뿌리 저민 것 1큰술
저민마늘 3큰술
저민 샬롯 2큰술
새우 페이스트 1큰술

이…이게 뭐임?

갈랑갈?

카피르…

고수 뿌리?

마법사 레시피인가?
마늘밖에 모르겠어!

걱정 말아요.
제가 하나씩
알려드릴게요.

ㅋㅋ

래빗님도 커리는 들어봤을 거예요.
커리는 한 가지 열매를 의미하는 것이 아니라
여러 향신료들의 조합이에요.
아래처럼 다양한 재료들이 있어요.

강황

갈랑갈

백후추

고수 씨   클로브

카다멈

시나온

향신료 (spices)

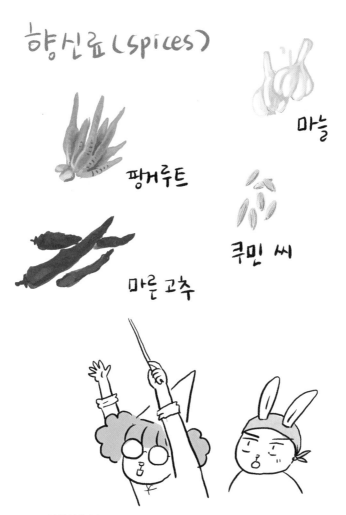

마늘

팜거루트

쿠민 씨

마른 고추

이 향신료들은 인도에서 태국으로 전파됐어요. 하지만 그 배합은 태국인의 입맛에 맞춰 변했죠. 아직은 이름이 생소할 거예요. 하나하나 독특한 향과 맛을 자랑하고 건강에 좋은 재료들도 많아요. 그러면 하나씩 배워볼까요?

먼저 백후추부터 설명할게요.
영어로는 화이트페퍼콘이라고 부르죠.
후추나무에 열리는 열매는 이렇게 생겼어요.

후추
Peppercorn

오-
귀여워

↑
후추열매 처음 봄

덜 익은 후추 열매를
따서 물에 익힌 후 건조하면
이런 검은 후추가 돼요.

통후추
Black Peppercorn

통백후추
White Peppercorn

잘 익은 후추를 물에 불린 후 껍질을 벗기고 건조하면
이렇게 하얀 후추알이 되죠. 우리가 쓸 건 이 통백후추예요.

쿠민 씨

Cumin Seed

다음 재료는 쿠민이라는 식물의 씨앗이에요.
고대 이집트에서부터 사용된 아주 오래된
향신료죠. 커리에 빠지지 않고 들어가는데
인도식 커리에 비하면 태국 커리에는 절반만
넣어요.

다음은 고수예요.

고수

고수뿌리

팍치!

맞아요. 태국어로는 팍치라고
부르는 아주 유명한 풀이죠.
고수는 잎사귀뿐 아니라 뿌리도
아주 중요해요. 뿌리를 잘라 사용하죠.

고수 씨 Coriander

고수 씨도 아주 중요한 향신료랍니다.
통백후추, 쿠민 씨, 고수 씨는 태국요리에서
자주 사용하는 향신료예요.

이건 고수의 꽃이에요. 참 예쁘죠?

오~

다음에
설명할 재료는 고추예요.

고추
Chilli

으엥?
희한하게 열리네.

맞아요. 이 고추는 하늘로 치솟아 열매를 맺어요.
그래서 하늘을 가리키는 고추라는 뜻을 가진 '프릭치파'라는 이름이 붙었어요.
고추는 15세기 아유타야 시대에 포르투갈 상인들에 의해 태국에 전파됐다고
추측해요. 어쨌든 지금 태국에서 여러 종류의 고추가 재배되고 있어요.
아래에 대표적인 것만 소개할게요.

유악고추 - 프릭유악

피망과 비슷한 유악고추는 맵지
않아 음식의 색을 내는 데 많이
써요.

치파고추 - 프릭치파

적당한 맵기를 가진 치파고추는
커리에 가장 많이 사용해요. 주로
말려서 씨를 빼고 가늘게 썰어
물에 불린 후 사용하죠.

새눈고추 - 프릭따눅

길이 5cm 정도 되는 새눈고추부터
본격적으로 매워요.

쥐똥고추 - 프릭키누

하지만 맵기는 쥐똥고추를
따라올 수 없죠. 작은 고추가
맵다는 말이 딱이에요. 고추의
작은 조각만으로도 혀가 구멍 날
것 같은 맵기를 가졌어요.

다음에 설명할 재료는 카피르라임이에요.
일종의 라임인데 열매를 먹을 순 없지만,
잎사귀와 껍질은 아주 중요한 식재료죠.
열매는 먹지 못하는 대신 에센스를
미용 재료로 사용해요.

카피르 라임

Kaffir Lime

조심해요, 래빗 님! 카피르라임에는 가시가 있어요.
조심히 잎만 따세요. 특이하게 이렇게 한 쌍으로 생겼답니다.

커리에 들어가는 건 카피르라임 열매의 껍질이에요.
맨 겉의 녹색 부분만 칼로 조심스레 벗겨내세요.
그리고 잘게 썰어 계량스푼에 용량을 재면 돼요.

다음에 알아볼 재료는
이 식물의 뿌리예요.

이게 뭐예요, 쌤?
생강?

아니에요. 생강과이긴 하지만 갈랑갈이라는 향신료예요.
태국어로는 '카'라고 부르고 정말 많이 쓰는 재료예요.
예를 들어 똠얌꿍에 들어가죠.

갈랑갈 Galangal

갈랑갈을 처음 캐내면 저렇게
줄기 부분이 보라색이 나요. 오래
두면 익어서 갈색으로 변하고 향이
짙어지죠. 커리에는 이렇게 익은
갈랑갈을 써요. 얇게 저민 후 잘게
다져서 계량스푼에 재 주세요.

향이 정말 좋아요!

와우!

상큼 상큼

그쵸? 이게 바로 레몬그라스예요. 커리를 만드는 데 아주 중요한 재료죠.

레몬그라스
Lemongrass

향이 가장 진한 밑동의 하얀 부분, 특히 안쪽에 보라색 나이테가 보이는 곳까지만 슬라이스해서 계량하세요.

샬롯

Shallot

자, 다음은 샬롯이에요.
태국의 자색 양파죠.

샬롯!

태국 샬롯은 작지만 맛이 강해요. 생으로 먹으면 맵고, 익히면 단맛이 나죠.

마늘
Garlic

또 중요한 재료는 마늘이에요. 태국 마늘 또한 크기는 작지만 맛이 강해요. 샬롯과 마늘의 경우 커리에는 생으로 쓰지만, 얇게 썰어 튀겨서 음식의 고명으로 많이 사용해요. 이런 경우 끄라티암찌아우라고 불러요. 바삭바삭한 식감이 아주 맛있어요. 쌀국수 위에 자주 뿌려줘요.

샬롯 튀김
(헝댕 찌아우)

마늘 튀김
(끄라티암 찌아우)

엥? 난 과잔 줄···

이제 마지막 화룡점정!
바로 이거예요.

바로 '까삐'라고 부르는 새우 페이스트죠.

★
새우 페이스트
(까삐)
Shrimp paste

새우 페이스트는 새우로 만드는 거라,
자세히 보면 까만 알갱이가 있어요.

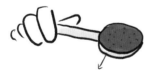

이게 바로 새우 눈알이에요. 이게 있어야 진짜예요.

맛도 맛이지만

고수

마늘 샬롯

카피라임
껍질

쥐똥고추

고수뿌리

마른
치파고추

갈랑갈

레몬그라스

통백후추

고수 씨

쿠민 씨

조금이지만
꼭 필요한
가삐!

새우 페이스트는 커리의 모든 재료가
잘 뭉치도록 딱풀 같은 역할도 해요.

우릭

Carbonsteel Wok

'까따'라고 부르는 태국 웍이에요. 여러 재료로 만들지만 탄소강으로 만든 걸 추천해요. 탄소강은 철 99%와 카본 1%로 만들어져요. 처음 웍을 사면 불에 구워서 유해물질을 날리고 기름을 먹여 사용해요. 그래야 웍맛이 들어 음식이 맛있어요.

스파츌라

Spatula

웍과 함께 사용하는 뒤집개는 영어로는 '스파츌라' 태국어로는 '딸리우'라고 하고 태국음식을 만들고 음식을 푸는 데 아주 유용해요.

이제 가스불을 켜고 중불로 한 뒤
웍을 올리고 코코넛밀크
반 컵을 부어요.

코코넛밀크가 끓기를 기다리다가

긴장

긴장

→ 반드시 중불
너무 세면 안된다

만들어놓은
페이스트를 넣으세요.

떨려~

잘 섞은 후
가장자리도 긁어서

가운데로 모은 후
다시 끓기를
기다려요.

불이 너무 세면
가장자리가 타요.
끓기 시작하면
거품 주위로
둥근 기름고리가
나타나요.

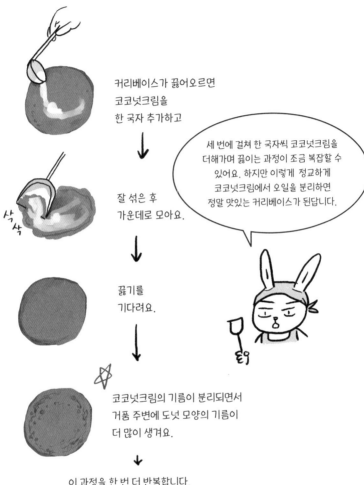

커리베이스가 끓어오르면
코코넛크림을
한 국자 추가하고

세 번에 걸쳐 한 국자씩 코코넛크림을
더해가며 끓이는 과정이 조금 복잡할 수
있어요. 하지만 이렇게 정교하게
코코넛크림에서 오일을 분리하면
정말 맛있는 커리베이스가 된답니다.

잘 섞은 후
가운데로 모아요.

삭삭

끓기를
기다려요.

코코넛크림의 기름이 분리되면서
거품 주변에 도넛 모양의 기름이
더 많이 생겨요.

이 과정을 한 번 더 반복합니다.

보글
보글

마지막으로
끓어오르면

나머지 코코넛크림을 넣고
마무리해요.

OK

커리 소스가 완성되면 이제 주재료들을 넣어요.

한입 크기로 썬 닭가슴살을 넣고
익을 때까지 끓여요.
살짝 뒤집어 가며 익힙니다.

팜슈가와 피시소스를
넣어줍니다.

3 코코넛밀크

코코넛크림에 물을 넣어 만든
코코넛밀크를 넣습니다.

4

카피르라임 잎 하나를 찢어서 넣고
붉은 고추 하나를 어슷썰어 넣어줍니다.

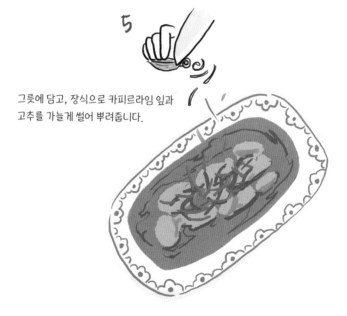

5

그릇에 담고, 장식으로 카피르라임 잎과
고추를 가늘게 썰어 뿌려줍니다.

그런데
이게 무슨 커리예요?

아직 음식
이름도 모름

파냉까이예요.
파냉치킨커리라고 하면 되겠네요.
치킨 대신 돼지고기나
소고기를 써도 돼요.

이제 맛보세요.

파냉치킨커리, 파냉까이
Panaeng Chicken Curry

• • •

대표적인 태국 커리 파냉치킨커리. 전통 방식을 따르느라 어렵게 만들었지
만, 사실 누구나 만들기 쉬운 커리예요. 시장이나 마트에서 페이스트를 쉽게
구할 수 있고 가정에서는 블렌더를 쓰기도 해요. 그런데 학원에서 옛 방식대
로 페이스트를 직접 빻아 만든 페이스트는 확실히 달랐어요. 절구에 재료를
오래 빻아 에센스를 추출해 낸 맛은 상상 이상으로 깊고 다채로웠어요. 입안
에서 정말 펑! 하고 터지는 느낌이었다니까요. 태국에서 6년을 넘게 지냈지
만 제가 맛본 태국음식이 얼마나 수박 겉핥기였는지 깨달았습니다.

파냉까이 만들기

재료(2인분)

코코넛크림(까티) 1컵
코코넛밀크 1/2컵
(코코넛크림 1큰술에 물을 더해 만든다.)
피시소스 2큰술
팜슈가 1큰술+1작은술
닭가슴살 150그램(한입 크기로 썰어 준비)

커리 페이스트

소금 1/2작은술
통백후추 1/2작은술
고수 씨 1/2작은술
쿠민 씨 1/4작은술
말린 붉은 치파 고추 5개
카피르라임껍질 다진 것 1/2작은술
갈랑갈 다진 것 1+1/2작은술
레몬그라스 슬라이스 2큰술
고수뿌리 다진 것 1큰술
마늘 다진 것 3큰술
샬롯 다진 것 2큰술
새우 페이스트 1작은술

커리 페이스트 만들기

1. 소금, 통백후추, 고수 씨, 쿠민 씨를 미리 빻아서 다른 그릇에 담아둔다.
2. 고추는 씨를 빼고 가늘게 썰어 물에 불린 후 물기를 빼고 절구에 빻는다.
3. 고추를 빻은 후, 갈랑갈을 넣고 빻는다. 그다음 레몬그라스를 넣고 빻고, 고수 뿌리를 넣어 빻는다. 각 재료가 곱고 부드럽게 빻아져 재료의 에센스가 완전히 스며나오도록 한다.
4. 수분이 있는 마늘, 샬롯을 넣고 곱게 빻은 후 마지막에 갈아놓은 1번의 향신료 가루와 소금, 새우 페이스트를 넣고 빻는다.

커리 만들기

1. 중불로 가열한 웍에 코코넛크림 반컵을 넣고 끓으면 파냉커리페이스트를 넣고 섞은 후 가운데로 모은다. 섞은 커리베이스가 끓으며 코코넛오일이 분리될 때까지 기다린다. 분리되면 거품에 진홍색의 오일 고리가 보인다.
2. 1의 코코넛오일이 분리되어 끓으면 코코넛크림을 한 국자 넣고 섞은 후 웍의 가운데로 모아 다시 커리베이스가 끓으며 코코넛오일이 분리되도록 기다린다.
3. 2번 과정을 한 번 더 반복한다.
4. 나머지 코코넛크림을 넣고 끓인다.
5. 4에 닭가슴살을 넣고 앞뒤로 뒤집어가며 익힌다.
6. 피시소스와 코코넛밀크, 팜슈가를 넣고 끓인다.
7. 한소끔 끓으면 접시에 담은 후, 붉은 고추와 카피르라임 잎 썬 것으로 장식한다.

매콤 살벌 그린커리

셋째 날, 드디어 학원 오는 게 좀 즐거워졌어요.
어제 먹은 파냉커리의 맛이 지대한 영향을 끼친 걸까요?

태국에는 가지 종류가
많아요. 약간 쓴맛이 있지만
지방을 흡수하는 효과가
있어 변비, 가래, 타박상에
좋아요.

가장 많이 쓰는 이 골프공 크기의
가지는 생으로도 먹어요.

색깔도 여러 가지예요.

작은 포도알 같은 종류도 있죠.

이건 한국 가지와 비슷하네요.

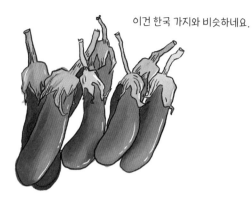

요리에 쓸 때는 4등분해서
쓴맛을 없애기 위해 소금물에
30분 정도 담가둬요.

그럼 혹시 오늘은
가지볶음이나···

그린커리예요.
재료 계량해 오세요.

아래 재료를 담아오세요!
1. 소금 1/2 티스푼
2. 화이트페퍼콘 1/2 타푼
3. 고수씨앗 1/2티스푼
4. 큐민씨앗 1/2 티스푼
5. 초록색 치파고추 1
6. 초록색 쥐똥고추 1
    :

3일째라고 어느새 익숙해짐.

붉은고추 대신 녹색 치파고추와 쥐똥고추를 쓰니 이렇게
녹색 커리페이스트가 되었죠.

코코넛크림과 코코넛밀크도
준비할까요?

아…네.

그런데 왜 코코넛크림과
코코넛밀크로 나누어요?

코코넛오일을 분리하려면
코코넛크림이 좋고

물을 탄 코코넛밀크는
묽기조절용이에요.

코코넛 크림

크림 + 물

코코넛 밀크

※코코넛크림, 코코넛밀크는 학원에서 사용하는 명칭이에요.

코코넛 Coconut

그럼 코코넛워터는 뭐예요?

앗! 야자에 대해 설명을 해야겠군요.

야자나무는 종류가 아주 많아요.

그중 코코넛야자나무의 열매를 코코넛이라고 불러요.

7개월 정도 된 어린 코코넛에는
이렇게 코코넛워터가 들어 있어요.

Young Coconut

영양이 풍부해
인기만점이죠.

까야아

내가
좋아하는
젤리!

8-9개월이 되면 코코넛워터는
하얀 과육으로 바뀌어요.
스푼으로 긁어먹으면 아주
맛있죠.

11개월 정도 된 올드코코넛은 워터가 없고
과육이 가득해요.

← 토끼발

이 과육을 토끼발이라는 기구로 긁어
과즙을 짜낸 것이 코코넛크림이에요.
태국에선 '까티'라고 부르죠.

전통방식은
손으로 주물러서 짠다.

신선한 코코넛크림이 요리에
가장 좋겠지만

밀봉된 제품도 살 수 있고

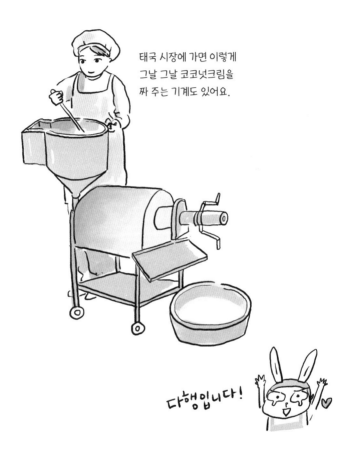

태국 시장에 가면 이렇게
그날 그날 코코넛크림을
짜 주는 기계도 있어요.

다행입니다!

코코넛크림 말고도 야자는
중요한 재료를 제공해요. 바로 팜슈가예요.
야자꽃에서 추출하는 설탕이지요.

까아아아

야자꽃

꽃을 자른 후
수액을 모아서

낱개로
단단하게
만든 팜슈가

오래 끓여서
졸인 후 저으면서
굳혀요.

학원에선
부드러운 팜슈가를
사용했어요.

꾹꾹

계량할 때는
스푼에 꼭 눌러줘요

그럼, 그린커리를
만들어볼까요?

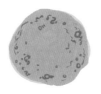

파냉커리처럼 코코넛오일을
분리해서 커리베이스를
만들어줘요!

그리고

마지막에
바질로 장식하면

완성!
♡

맛있긴 한데
너무 매워요.

← 매운 거 잘
못먹는 토끼

이런...
얼른 밥을
좀 드세요.

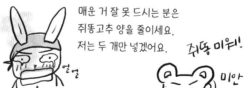

매운 거 잘 못 드시는 분은
쥐똥고추 양을 줄이세요.
저는 두 개만 넣겠어요.

쥐똥 미워!

미안

그린치킨커리, 깽키아우완까이

Chicken Green Curry

• • •

태국 커리는 신호등인가? 빨간 커리, 노란 커리, 녹색 커리. 혼자 이런 생각에 웃었어요. 그린 커리는 태국인이 아주 즐기는 음식으로 깽키아우완이라고 불러요. 닭고기나 소고기를 주로 넣어 먹습니다. 저는 쥐똥고추를 너무 많이 넣는 바람에 입에서 불이 났지만, 쥐똥고추를 조금 줄이고, 색을 진하게 하는 녹색 치파고추나 고수를 조금 더 넣어도 좋을 것 같아요. 직접 절구질해서 커리를 만드는 일은 정말 어렵지만, 맛이 매우 좋아서 한번쯤 해볼 만합니다. 절구질이 힘들다면 블렌더를 써도 되고요. 시판 페이스트를 쓴다면 우선 웍에 식물성 기름을 두른 뒤 페이스트를 볶고, 샬롯이나 고수를 추가하기도 합니다.

깽키아우완까이 만들기

재료(2인분)

코코넛크림 1컵
코코넛밀크 1과 1/2컵
(코코넛크림 1큰술에 물을 더해 만든다.)
태국 베이비가지(Baby Eggplant) 1/2컵
태국 가지(Thai Eggplant, 마크아) 2개
*태국 가지가 없을 경우, 한국 가지
1개를 한 입 크기로 썰어 준비한다.
스위트바질 1/4컵
카피르라임 잎 2장
녹색 치파 고추 어슷썬 것 1개
피시소스 3큰술
팜슈가 1큰술
닭가슴살 150그램. 한입 크기로 썰어
준비한다.
(닭가슴살 대신 소고기를 써도 된다.)

페이스트

소금 1/2작은술
통백후추 1/2작은술
고수 씨 1/2작은술
쿠민 씨 1/4작은술
카피르라임껍질 다진 것 1/2작은술
갈랑갈 다진 것 1+1/2작은술
레몬그라스 슬라이스 2큰술
고수 뿌리 다진 것 2큰술
녹색 쥐똥고추 15개
녹색 치파고추 1개
마늘 다진 것 3큰술
샬롯 다진 것 2큰술
새우 페이스트 1작은술

커리 페이스트 만들기

1 소금, 통백후추, 고수 씨, 쿠민 씨를 빻아서 가루를 내어 다른 그릇에 담아둔다.
2 고추는 씨를 빼고 가늘게 썰어 불린 후, 물기를 빼고 절구에 빻는다.
3 고추를 빻은 후, 위 나열한 재료의 순서대로, 카피르라임 껍질, 갈랑갈, 레몬그라스, 고수뿌리 다진 것 등을 빻는다. 각 재료가 곱고 부드럽게 빻아져 에센스가 스며나와 반지르해지도록 빻는다.
4 수분이 있는 마늘과 샬롯을 넣고 빻은 후, 갈아놓은 1번의 향신료 가루와 소금, 새우 페이스트를 넣고 빻아 커리 페이스트를 완성한다.

커리 만들기

1 태국가지는 1/4 크기로 잘라 소금물에 담가둔다. 쓴 맛이 빠지고 변색을 방지한다.
2 중불로 가열한 웍에 코코넛크림 반 컵을 넣고 끓으면 위의 그린커리 페이스트를 넣고 섞은 후, 가운데로 모아 코코넛 오일이 분리될 때까지 기다린다.
3 끓으면 거품에 진녹색의 오일 고리가 보인다. 그때 다시 코코넛크림 한 국자를 넣고 다시 섞은 후 가운데로 모아 기름이 분리되게 한다. 이 과정을 한 번 더 반복한다.
4 오일이 충분히 분리되면 나머지 코코넛 크림을 넣어 커리베이스를 완성한다.
5 커리베이스가 끓으면 닭고기를 넣고 뒤집어가며 익힌다.
6 피시소스, 코코넛밀크, 팜슈가를 넣고 끓인다.
7 고기가 익으면 가지를 넣고 끓인다. 가지가 물 위로 뜨면 스파츌라로 눌러주며 익힌다.
8 한소끔 끓으면 카피르라임 잎, 붉은 고수, 스위트바질을 넣고 접시에 담는다.

새우가 좋아!

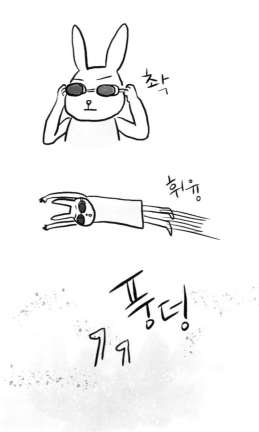

허우적

허우적

하아아악

← 강에 사는
징거미새우

긴 다리

태국의 대표적인 새우는
강에 사는 징거미새우와
바다에 사는
블랙타이거예요.

바다에 사는
블랙타이거

짧은
다리

물가에 집이
많은 태국에선
정말 바로 잡아
요리를 하기도 해요.

새우 요리는 정말 다양해요. 튀기거나, 볶거나 구워 먹을 수 있고,
날로 먹기도 해요. 꿍파우는 커다란 징거미새우를 숯불에 구워
매콤한 소스에 찍어 먹는 요리예요.

새우구이
- 꿍파우

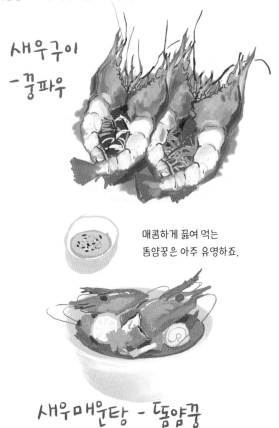

매콤하게 끓여 먹는
똠얌꿍은 아주 유명하죠.

새우매운탕 - 똠얌꿍

새우팟타이
- 팟타이꿍

새우와 면을 볶는 팟타이 또한 유명해요. 팟타이는 작은 새우를 쓰기도 하고
커다란 징거미새우를 곁들이기도 해요.

새우 잡채 - 꿍옵운센

녹두당면과 함께 짭조름하게
끓여 먹는 꿍옵운센도 유명해요.
이밖에도 정말 많지만 여기까지만 할게요.

오늘은 이 커리가루를
쓸 거예요.

커리 가루
Curry Powder

강황에 다른 커리
향신료가 배합되어 있어요.

퐁까리!

맞아요. 커리가루를 태국어로
풍까리라고 부르죠. 새우커리볶음에는
이 풍까리가 아주 중요해요.
그리고 꼭 필요한 소스가 하나 더 있어요.

오~

바로
볶음 고추장!!

태국 볶음고추장
남프릭 파우 (น้ำพริกเผา)

Thai Chilli Paste

남프릭파우라고 하는
태국의 볶음고추장이에요.
저 브랜드에서 나오는 제품이
정말 맛있어요.

이 볶음고추장으로 태국의 유명한 똠얌꿍을 만들어요.

고추장 →

고추장뿐 아니라 이 위에
배어나온 고추기름도 사용해요.
적은 양이라 마지막에 넣으면
감칠맛이 살아나요.

고추기름

이렇게 퐁까리와 태국 볶음고추장을
주재료로 해서 다음과 같이
퐁까리소스를 만들 수 있어요.
맛있는 꿍팟뽕까리의 비법 소스죠.

퐁까리 소스 비법! 요-

굴소스

라이트소이소스

후추

카레가루

설탕

볶음고추장

태국 소스에 대한 설명은
다섯째 날에 있으니 참고하세요.

118

이렇게 소스가 완성되면
이제 주재료를 준비해요.

소프트쉘크랩
(뿌님)

예!

새우
(꿍)

새우도 좋지만, 껍질이 부드러운 소프트쉘크랩을 써도 돼요.
새우는 태국어로 꿍이라고 하고 소프트쉘크랩은 뿌님이라고 불러요.
그냥 게는 뿌라고 부르고요.

그러나 여기서
중요한 건...

뿌든 꿍이든
위선 튀겨요!

신발도 튀기면 맛있다는 말이 있잖아요.
볶기 전에 미리 한 번 튀기면 식감이 바삭바삭해지고 정말 맛있어요.

이렇게 재료를 미리 튀겨 놓고, 웍을 달구고 기름을 넣은 후,
마늘부터 볶아 향을 내요. 튀긴 새우와 함께 양파를 넣어주고 살짝 볶은 후
비법소스를 넣어 뒤섞어요.

새우껍질육수

달걀

녹말푼물

양념이 잘 섞이면
새우껍질육수, 달걀 하나,
녹말 푼 물을 넣어
진득하게 만들죠.

그리고 차이니스 샐러리가
필요해요.

차이니스
샐러리요?

차이니스샐러리는 서양샐러리와 달리 가늘고 작아요.
서양샐러리만 있다면 잎만 떼어 넣어도 돼요.

차이니스
샐러리

작고 날씬

← 서양
샐러리

크고 통통

자, 이렇게
완성되면

냠

한번 먹어볼까요?

퍼!

펑!

까아~
맛있어~

새우 커리볶음
최고!!

새우커리볶음, 꿍팟퐁까리

Shirimp Fried Curry

. . .

몇 년 전 한국 리얼리티 쇼에서 태국요리 이름이 재미있다고 나왔어요. 바로 뿌팟퐁까리에요. 된소리가 많아 쿵쾅거리는 이름이죠. 뿌는 게를 뜻하고 팟은 볶았다는 뜻, 퐁까리는 커리가루라는 뜻이에요. 그래서 뿌팟퐁까리는 커리가루에 볶은 게요리죠. 게 대신 새우를 쓰면 바로 위 사진의 요리, 꿍팟퐁까리가 돼요. 옐로커리에 달걀을 풀어넣어 아주 맛난 해산물요리죠. 만들기도 생각보다 쉬웠어요.

꿍팟퐁까리 만들기

재료(2인분)

새우 6마리 (250g)

식물성기름 2큰술

다진 마늘 1큰술

채썬 양파 1/4컵

새우껍질스톡 1/2컵

달걀 1개

우유, 혹은 코코넛크림 2큰술

붉은 고추 어슷썬 것 1개

전분 1작은술+물 1큰술

양념

설탕 2작은술

후추가루 2작은술

라이트소이소스 1큰술

굴소스 1큰술

볶음 고추장(남프릭파우) 1작은술

볶음 고추장 안에 든 기름(토핑용) 1큰술

1 새우는 껍질을 벗기고 내장을 제거한다.

2 벗긴 새우껍질은 끓는 물에 넣어 스톡으로 끓인다.

3 고추기름을 제외한 나머지 양념을 미리 그릇에 섞어 놓는다.

4 물기를 뺀 새우를 180도 기름에 튀겨낸다. 그러면 새우가 좀 더 바삭한 맛이 난다. (소프트쉘크랩을 튀길 때도 먼저 기름에 튀겨낸다.)

5 중간불에 웍을 얹고 기름을 넣은 후, 마늘을 넣고 볶는다. 마늘향이 올라오면 튀긴 새우, 양파, 양념장을 넣고 볶는다.

6 재료가 얼추 익으면 새우스톡을 넣고 끓인다.

7 달걀을 넣고 달걀이 어느 정도 익으면 휘저어 섞는다.

8 우유를 넣고 섞어 끓인다.

9 물에 푼 전분을 넣고 국물을 걸죽하게 만든 후, 붉은 고추를 넣는다.

10 접시에 담은 후 고추기름을 토핑으로 뿌린다.

오리고기 레드커리, 깽펫뺏양

Rosted Duck Red Curry

새콤.달콤.매콤
오리 커리

매콤한 레드커리 베이스에 오리구이, 달콤새콤한 파인애플이나 방울토마토 같은 과일을 넣은 커리예요. 귀여운 태국 가지, 베이비가지, 스위트바질과 카피르라임 잎도 들어가요. 오리구이와 과일이 커리에 어울리는 맛이 아주 좋답니다.

생선튀김 매운탕, 깽쏨쁠라천

Spicy Sour Soup with Mixed Vegetables and Fish

김치 찌개
같은
익숙한 맛

제가 진짜 좋아하는 태국식 생선튀김 매운탕이에요. 쁠라천이라 부르는 가물치를 많이 사용하죠. 커리 페이스트는 말린 붉은 고추, 쥐똥고추, 샬롯, 마늘, 새우 페이스트와 익힌 생선살을 절구질해서 만들어요. 가물치는 통째로 튀겨도 되지만 먹기 좋은 크기로 잘라서 사용해도 좋아요. 생선을 먼저 튀겨야 살이 단단하고 더 맛있어요. 생선육수에 커리 페이스트를 풀어 3분 정도 끓인 후, 튀긴 생선을 넣고 줄콩, 콜리프라워, 양배추를 넣고 피시소스로 간을 맞추고 마지막에 팍끄라쳇이라는 물미모사를 얹어 내요.

무슬림 커리, 맛싸만커리까이

Thai Mussaman Chicken Curry

무슬림식
닭볶음탕

오래전 페르시아에서 넘어왔다는 무슬림 치킨커리는 푹 익힌 닭고기와 감자 때문인지 한국의 닭볶음탕 같은 느낌이 있어요. 닭고기는 생강에 버무려 재우고, 감자는 한입 크기로 잘라 한번 튀겨내요. 커리 페이스트에 넛멕이나 카다멈이 들어가고, 커리를 끓일 때도 월계수잎이나 시나몬 스틱을 첨가하더군요. 코코넛크림과 페이스트를 넣어 커리 베이스를 만드는 방법은 같지만 국물을 오래 끓여 진득하게 하고 닭고기를 푹 익혀요.

달걀부침과 새우 매운탕, 깽쏨차옴카이

Spicy Sour Soup with Deep Fried Climbing Waffle Omelette

묘하게 맛있음!

깽쏨은 붉은 국, 차옴은 허브 이름, 카이는 달걀이란 뜻이죠. 달걀부침과 새우를 매운 국으로 끓인다고? '에엥?' 할 것 같은 느낌인데 먹어보면 잘 어울려요. 생각해 보면 한식에서 달걀부침과 김치찌개가 제법 잘 어울리는 조합이잖아요? 달걀 부침에 넣는 차옴이라는 허브도 신기했어요. 차옴은 가시가 돋아 있어서 조심해서 손질해야 하죠. 말린 붉은 고추와 마늘, 샬롯, 새우 페이스트만 넣은 깽이라 불리는 국이 베이스로, 끓는 물에 남프릭을 넣어 국으로 만들어요. 양념으로 피시소스에 타마린소스, 라임이 들어가 매콤 짭짤하고 신맛이 나면서 묘하게 맛있었어요.

쉽고 맛난 볶음밥

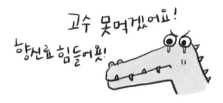

고수 못먹겠어요!
향신료 힘들어윗!

아기가 먹을 수
있는 음식이 있을까요?

캬아아옹~

도저히
못 고르겠다옹~

이런 분들께 추천합니다!
태국음식 레벨1,
바로바로…

까야~

볶음밥!!

볶음밥은 누구나 먹을 수 있는 음식 아닐까요.
태국에서는 '카우팟'이라고 부르죠.
거기에 넣는 재료에 따라 단어가 덧붙여져요.

새우볶음밥이라면
태국어로 새우는 '꿍'이니까 '카우팟꿍'

꿍 →

까이 ↓

꽥?

닭은 '까이'니까 '카우팟까이'

무 ↓

응?

돼지고기는 '무'니까 '카우팟무'
이렇게 부르죠.

그밖에 소고기볶음밥은 '카우팟느아',
해산물볶음밥은 '카우팟탈레' 하는 식이에요.
원하는 대로 재료를 붙여 주문하면 됩니다.

아하~

오늘은 닭고기로 볶음밥을 할 거예요.
한입 크기로 썬 닭가슴살에
달걀 하나를 깨뜨려 넣고 재워요.
고기가 더 맛있고 연해지죠.

고기에
계란 탁!

그다음 밥을 준비해요.
사실 볶음밥에서 가장 중요한 건 밥이죠.

✦ 자스민라이스

볶음밥에는 자스민라이스를 사용해요.
자스민꽃향이 난다고 해서 붙인 이름이죠.
양념이 골고루 배려면 찰기가 없어야 해요.
그래서 쌀도 여러 번 씻고
물 양도 조금 적게 잡아서 밥을 짓는답니다.
볶음밥이 유난히 찰기가 없다 느껴지는 건
그런 이유 때문이에요.

양파

토마토

고기와 밥, 그밖에 양파와 토마토 채썬 것이 필요해요.
볶음밥에 물기가 있으면 안 되니까 토마토의 속은 긁어내고 길게 썹니다.

그리고 카이란이라는
채소를 써요!

카이란?

영어로는 차이니스 케일이라고 부르는 채소예요.
태국요리에 아주 많이 사용하죠.
잎은 넓적하고 특별한 향이 없어
어느 요리에나 넣을 수 있어요.

줄기의 밑동 부분은 껍질이 두꺼워
잘 안 익을 수 있으니 껍질을 얇게 벗겨내고
어슷썰어 사용하세요.

태국 볶음밥은 역시 소스가 중요하죠.
피시소스, 굴소스, 라이트소이소스, 시즈닝소스, 설탕이 들어가요.

걱정 말아요,
하나씩 설명할게요.

굴소스
Oyster Sauce

굴소스는 태국어로 남만허이라고 불러요.
볶음요리를 맛있게 해주죠.
굴을 오래 조려내어 바다향이 깃들어 깊은 맛을 내요.
저희 학원에서는 '메가셰프' 브랜드를 써요.

라이트 소이소스

Light Soy Sauce

이제 태국 간장들을 소개할게요.
먼저 라이트소이소스! 일반 간장이라고
생각하면 돼요. 태국어로는 '씨유카우'라 하고
대표적인 브랜드로 헬시보이가 있어요. 상표를
보면 통통한 어린아이가 병을 안고 있죠.
메가셰프 브랜드도 맛있어요.
그림 가장 오른쪽에 버섯 그림이 있는 간장이
보이시나요? 버섯향이 가미된 간장으로 아주
맛있어요. 저는 저 간장도 추천해요.

라이트소이소스보다 약간 더 짜고 단맛이 가미된 간장을
시즈닝소스라고 불러요. MSG가 포함된 건 아니에요.
골드마운틴이라는 브랜드가 유명한데 콧수염 요리사가 그려져
있어요.

시즈닝 소스
Seasoning Sauce

피시소스

Fish Sauce

오징어 없다

피시소스는 태국 소스 중 가장 유명하죠.
남쁠라라고 부르고 태국요리 대부분에 들어가요.
이 진갈색의 맑은 액젓은 생선을 소금에 1년 이상 절여 만들어요.
그림 맨 왼쪽에 있는 것부터 메가셰프, 티파로스, 스퀴드 브랜드가
인기 있어요. 재미있는 건 스퀴드 브랜드가 뜻은 오징어지만 오징어로
만든 소스는 아니에요. 이렇게 볶음밥은 간장 하나로만 짠맛을
내는 게 아니랍니다. 굴소스, 라이트소이소스, 시즈닝소스,
피시소스, 그리고 설탕이 맛있는 태국볶음밥을 만들어내죠.

볶을 때는 요령이 필요해요. 예를 들어
스파츌라를 다룰 때도 재료가 너무 으깨지지
않도록, 삽처럼 떠서 뒤집으며 익히는 거죠.

기름에 마늘향 내고
닭고기부터~

치익~

불 조절도 마찬가지예요. 너무 센 불로 하지 마세요. 중불에 웍을 올리고
달궈지면, 기름을 붓고 마늘, 고기, 밥, 양념장, 채소 순으로 볶아요.
센 불로 하면 겉은 타버리고 속은 안 익죠. 채소의 경우 양파와
카이란 두꺼운 줄기를 먼저 익히고, 마지막에
가장 무른 토마토와 카이란 잎을 넣으세요.

재료가 거의 익은 마지막 단계, 5-7초만 강불로 볶으세요.
남은 물기를 날리고, 불맛이 스며들죠. 너무 오래 익히면
다 타버릴 수 있으니 조심하시고요.

완성된 볶음밥은 밥그릇 같은 틀에 담아 접시에 올린 후,
라임, 쪽파, 고수를 곁들여요.

피시소스에 쥐똥고추를 잘게 썰어 넣은 걸 남쁠라프릭이라고
불러요. 이 소스를 볶음밥에 뿌려 먹으면 더 맛있어요.

예헷!

이렇게 해서
볶음밥 완성!

닭고기 볶음밥, 카우팟까이

Chicken Fried Rice

• • • •

태국에 처음 갔을 때 볶음밥처럼 고마운 음식이 없었어요.

저도 처음부터 태국요리를 잘 먹었던 건 아니에요. 처음엔 허브나 향신료가 낯설어 고개를 젓곤 했죠. 하지만 조금씩 익숙해지고 향신료에 대해 알게 된 후, 태국음식이 좋아졌어요. 태국 어디서나 먹을 수 있는 맛있는 카우팟! 이제 요리법도 알았으니 집에서 실컷 만들어 먹을 거예요. 아, 카이란을 못 구한 경우 브로콜리나 청경채, 케일, 채심을 넣어도 좋았어요.

카우팟까이 만들기

···

재료(2인분)

식물성 기름 2큰술

다진 마늘 1큰술

닭고기 50g

달걀 1개

양파 채썬 것 1/4컵

카이란 어슷썬 것 50그램

밥 2컵

토마토 씨 빼고 채썬 것 반 개

양념

굴소스 1큰술

라이트소이소스 2작은술

시즈닝소스 2작은술

피시소스 1큰술

설탕 1큰술

곁들이

후춧가루

오이 반 쪽

쪽파 한 줄기

고수 한 줄기

쥐똥고추를 썰어넣은 피시소스

라임 반 쪽

1 닭고기를 한입 크기로 썰어 달걀물에 재운다.

2 중간불로 웍에 기름을 두르고 달아오르면 마늘을 볶아 향을 낸다.

3 달걀물에 재운 닭고기를 넣고 앞뒤로 뒤집어가며 볶는다.

4 양파와 카이란의 줄기 부분을 넣고 볶는다.

5 밥과 양념을 넣고 볶는다.

6 카이란 잎과 토마토를 넣고 강불로 올린 후 5-7초간 빠르게 볶는다. 너무 타지 않도록 조심한다.

7 접시에 담고 한쪽에 오이, 쪽파, 고수, 라임을 놓고, 고추피시소스를 곁들여 낸다.

바질 여신의 축복, 팟끄라파우무쌉

태국은 허브 천국! 일 년 내내 뜨거운 햇살 덕택에 다양한 허브가 무성하게 자라요. 열대의 태양빛을 품은 허브들은 맛과 향이 진하고 이국적이죠.

카이란

홀리바질

신기한 허브들이
많네요!

맞아요. 정말 다양하죠.
예전에는 집 주위에 이런 허브들이
지천에 자라났어요. 필요한 만큼
따 와서 웍에 뿌려 넣곤 했죠.

스위트
바질

레몬
바질

서양고수

태국고수

나도고수

그중에서 오늘 소개할 허브는 바질이에요. 전 세계에 60여 종이 있다는 바질은
태국에서는 세 가지가 유명해요. 바질 가문의 세 딸 같은 거죠.
큰딸은 시암 여왕이란 별명을 가진 스위트바질이에요.
태국명으로는 '호라파'라고 하죠.

스위트바질
Sweet Basil

카놈찐

호라파는 태국 전통 쌀국수인 카놈찐에 빠지지 않는 허브예요.
국수에 섞어 먹기도 하고, 국수를 먹으면서 중간 중간 입가심으로
잎을 떼어먹기도 하죠.

둘째딸은 귀여운 레몬바질이에요. 싱그러운 레몬 향이 나는 바질이에요.
레몬바질도 다양한 요리에 사용하는데 특히 보트누들,
혹은 태국어로 꿰띠아우남똑이라고 하는 선지쌀국수에 빠지면 섭섭하죠.

레몬 바질
Lemon Basil

보트누들

홀리바질
Holy Basil

세 번째는 오늘의 주인공인 홀리바질이에요.
태국어로는 끄라파우라 하고
빠르게 발음하면 까파우로 들리죠.
태국인들이 좋아하는 허브로
약간 매운 맛과 향을 가지고 있어
고기나 생선 요리를 놀랍도록 맛있게 해줍니다.
가격도 싸기 때문에 서민들이 즐겨 먹죠.

홀리바질, 즉 거룩한 바질이라는 이름은 인도
힌두교에서 왔어요. 인도에서 홀리바질은 치유의
여신 툴라의 현신으로 여겨져요. 그만큼 약초의
효능을 가진 허브예요. 염증을 낫게 해주고 열을
내려주죠. 약으로 달여 마시기도 하고 차로도 마셔요.
태국에선 이 홀리바질로 아주 인기 있는 요리를 만들
수 있답니다.

서…
설마…

팟끄라파우무쌉?

맞아요.

내가 엄청 좋아하는
팟끄라파우무쌉!

이름 외우기
힘들었지.

팟끄라파우무쌉. 이름이 좀 어렵죠?
팟은 볶았다는 뜻이고, 끄라파우는 홀리바질, 무쌉은 간 돼지고기예요.
무쌉 대신 꿍(새우)이나 까이(닭) 혹은 탈레(해산물)를 붙여서 주문해도 돼요.

팟끄라파우무쌉은 사실 만들기가 굉장히 쉬워요.
재료만 준비됐다면 5분도 안 걸릴 거예요.
먼저 절구에 쥐똥고추 5-10개와 마늘을 넣고 빻아요.
커리처럼 아주 곱게 빻을 필요는 없어요.

그리고 웍을 중불에 달군 후,
빻은 마늘과 쥐똥고추를
볶으세요.

에─

모락
모락

에
취

아이고

하하! 재채기가 나오면
잘 하고 있다는 신호예요.

ㅋㅋㅋ

필요한 재료는 돼지고기 간 것,
양파 채썬 것, 붉은 고추 어슷썬 것,
그리고 홀리바질을 잎만 따서
준비해 주세요.

소스는 피시소스, 굴소스, 시즈닝소스, 설탕, 그리고 물이 필요해요. 물 대신
치킨스톡을 넣으면 더 맛있겠죠. 팟끄라파우무쌉은 국물이 조금 있어야
맛있어요. 매콤한 쥐똥고추와 마늘향이 강렬하게 퍼지면 돼지고기를 먼저
넣고, 양념을 넣고 볶다가 양파 채 썬 것과 붉은 고추 어슷썬 것을 넣어줘요.

① 돼지고기
   간 것

② 양념장

③ 물 또는 치킨스톡

④ 양파와
   붉은 고추

마지막으로 홀리바질의 여신 툴라의 축복을 받으면!

거의 다 됐지만 중요한 한 가지가 더 필요해요.

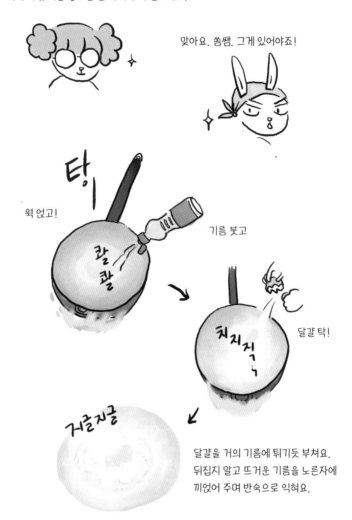

맞아요. 쏨쌤. 그게 있어야죠!

탁!

웍 얹고!

칼칼

기름 붓고

치지직

달걀 탁!

지글지글

달걀을 거의 기름에 튀기듯 부쳐요.
뒤집지 말고 뜨거운 기름을 노른자에
끼얹어 주며 반숙으로 익혀요.

카이다우
Egg Fry

가장자리는
바삭하고

이렇게 바삭하게 튀긴
달걀 프라이를
카이다우라고 해요.

노른자는 촉촉하게~

모락
모락

접시에 밥을 얹고, 그 위에
팟끄라파우무쌉을 얹고,
마지막으로 카이다우를 얹으면

까아아아아~

완성!

드디어 완성됐어요!
팟끄라파우무쌉은 태국인들이 사랑하는
국민 음식이에요. 더위에 지쳐 입맛이 없을
때, 점심 메뉴가 딱히 생각나지 않을 때
이걸로 간단하게 해결할 수 있어요.
숟가락으로 카이다우를 툭 터뜨려 노른자가
흘러내리게 해보세요. 밥과 어우러진 맵고
향긋한 돼지고기와 바질의 맛이 일품이에요.

돼지고기 바질볶음, 팟끄라파우무쌉
Stir Fried Pork with Holy Basil

• • •

신혼 시절 처음 방콕에 살 때였어요. 집에 있는데 어디선가 맛있는 냄새가 풍겨오는 거예요. 창밖으로 고개를 내밀어 보니 노점상 아주머니가 '캉캉' 소리를 내며 뭔가를 만들고 있었어요. 주변에는 사람들이 몰려 서 있었고요. 궁금증을 못 이기고 내려가 그 음식을 주문했어요. 그게 제 첫 번째 팟끄라파우무쌉이었죠. 태국에 살다 보면 한동안 중독된다는 팟끄라파우! 며칠을 연달아 먹기도 했죠.

처음에는 돼지고기 넣은 걸로 시작했지만, 나중에는 팟끄라파우탈레(해산물바질볶음), 팟끄라파우꿍(새우바질볶음), 팟끄라파우쁠라(오징어바질볶음)로 이어갔죠.

요리도 간단하고, 편의점에서도 팔아요. 한국에서도 요즘 홀리바질을 구할 수 있으니 꼭 시도해 보세요.

팟끄라파우무쌉 만들기

재료(2인분)

붉은 치파고추 1개

붉은 쥐똥고추 5-10개

마늘 저민 것 1큰술

식물성기름 2큰술

돼지고기 다진 것 150g

치킨스톡 1/4컵

양파 채썬 것 1/4컵

홀리바질 1/4컵

붉은 치파고추 어슷썬 것 1개

양념

피시소스 1큰술

굴소스 1큰술

시즈닝소스 1작은술

설탕 1작은술

1. 돌절구에 붉은 치파고추 한 개, 쥐똥고추 5-10개, 마늘 1큰술을 넣고 빻는다. (커리처럼 곱게 빻는 것이 아니다.)

2. 웍을 중불에 달군 후, 기름을 두르고 1번 양념을 넣는다.

3. 돼지고기 다진 것 150g, 양념, 치킨스톡을 넣고 볶는다.

4. 양파를 넣고 볶는다.

5. 홀리바질을 넣고 숨이 죽을 때까지 볶은 후 불을 끈다.

6. 카이다우: 웍을 강불에 달군 후, 기름을 넉넉히 붓고 달걀을 깨뜨려 넣는다. 달걀을 뒤집지 말고 달군 기름을 노른자에 끼얹으며 윗부분을 익힌 후 불을 끈다.

7. 접시에 밥을 덜고 카이다우를 얹은 후, 옆에 팟끄라파우무쌉을 곁들여 낸다. 따로 반찬으로 내도 된다.

이산 스타일 한상차림

잠깐 태국 지도 보고 가실게요. 태국은 이렇게 코끼리 모양으로 생겼어요.
보통 방콕을 중심으로 한 중부를 둘러싸고 북부, 동북부, 동부, 남부, 서부로 나눕니다.

그런데 그런 행정적인 지도 말고 태국 음식을 논할 때 더 중요한 지도가 있어요. 바로 태국의 주요 강과 주변국을 그린 지도예요.

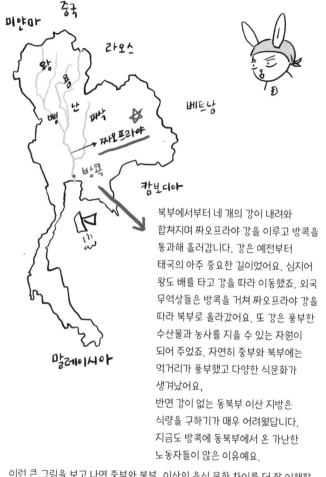

북부에서부터 네 개의 강이 내려와 합쳐지며 짜오프라야 강을 이루고 방콕을 통과해 흘러갑니다. 강은 예전부터 태국의 아주 중요한 길이었어요. 심지어 왕도 배를 타고 강을 따라 이동했죠. 외국 무역상들은 방콕을 거쳐 짜오프라야 강을 따라 북부로 올라갔어요. 또 강은 풍부한 수산물과 농사를 지을 수 있는 자원이 되어 주었죠. 자연히 중부와 북부에는 먹거리가 풍부했고 다양한 식문화가 생겨났어요.
반면 강이 없는 동북부 이산 지방은 식량을 구하기가 매우 어려웠답니다. 지금도 방콕에 동북부에서 온 가난한 노동자들이 많은 이유예요.

이런 큰 그림을 보고 나면 중부와 북부, 이산의 음식 문화 차이를 더 잘 이해할 수 있어요. 이산 지방에서는 척박한 환경에서 음식을 잘 보관해야 했기에 진한 젓갈이 발달했고 보기 드문 식재료도 사용했답니다.

제가 제일 처음 태국에 와서 머문 지역이
바로 동북부 이산 지방이었어요. 그때
처음으로 이산 음식을 알게 됐어요.
바로 쏨땀이라는 건데요. 그린파파야를
절구에 찧어 매콤달콤새콤하게 만드는
채소무침입니다.

저녁이 되면
숯불 닭갈비 냄새와,
쏨땀 빻는 소리로 가득하던
그때의 기억을
잊을 수가 없어요.

으아~♡

어이구 쏨땀은
포크로 먹으면 안 돼요

예?

그런데 그때 만난
현지인 아저씨가
이러는 겁니다.

이렇게 손으로 찹쌀밥을 한 입 크기로 뭉쳐서,
고기 한 점과 쏨땀을 같이 먹는 거예요.

아, 손에 기름기가 있어야 하니까
이렇게 머릿기름을 좀 묻혀 주고요.

예에?!!

어쨌든 저도 머릿기름을
묻혀 쏨땀을 손으로 먹었어요.
장난에 넘어간 줄도 모르고…
손으로 먹는 건 맞지만,
머릿기름은 필요없어요.

시키는 대로
하고만…

ㅋㅋ

이산 음식은 이제 태국 전역에서 사랑받고 있어요. 가난한 고향을 떠나
방콕에서 노동자로 사는 이산 사람들에게는 향수를 자극하는 음식이고요. 방콕
곳곳에는 이산 음식을 찾아 먹는 사람들로 넘쳐나지요. 상큼한 그린파파야
샐러드 쏨땀과 찹쌀밥, 숯불에 구운 고기, 그리고 이산의 소울푸드인 랍무까지.
이번에는 이산 스타일로 한번 만들어 봐요.

우선 밥부터 지어 볼까요?

태국쌀은 한국쌀과 좀 다르죠. 둥글고 찰기가 강한 한국쌀 자포니카와 달리
태국쌀은 길쭉하고 찰기가 약한 인디카 혹은 안남미라고 부르는 종이에요.

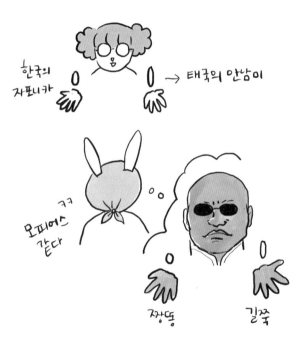

특히 태국에는 자스민꽃 향기가 나는 쌀이 있어요.
'카우험말리'라고 부르죠.

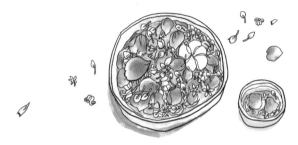

태국인은 꽃향기를 무척 좋아해요. 예전에는 집의 정원에서 막 피려는
꽃봉오리를 따 물항아리에 넣어두었다가 손님이 오면 그 물을 대접하거나 밥을
지었어요. 물을 마시는 손님은 그 집 정원에 무슨 꽃이 피었는지 알 수 있었어요.

지금도 좋은 카우험말리는 봉투를
열자마자 향긋한 향이 나요.

자스민라이스
Jasmin Rice

태국어로는 쌀 또는 밥을 카우라고 불러요. 맨밥을 카우쁠라우 혹은
카우쑤아이라고 하죠. 식당에서 밥을 주문하면 접시에 담아주는데 접시는
짠이라고 해요. 여럿이 함께 밥을 나눠 먹을 때는 냄비째 달라고 하면 되는데
이때 '머'로 달라고 주문하면 돼요.

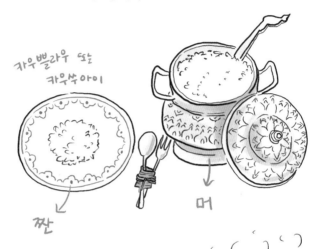

카우쁠라우 또는
카우쑤아이

짠

머

태국에는 자스민라이스 같은 백미뿐 아니라,
황미, 흑미, 적미 등 다양한 쌀이 있어요. 찹쌀도
있죠. 찹쌀의 경우 솥에 밥을 짓지 않고 찜통에
쪄요. 예전에는 대바구니에 넣고 쪄서 대나무
향이 배게 했죠. 아예 대나무통에 코코넛크림과
찹쌀을 섞어 찌기도 하죠.

찹쌀을 잘 씻어 3시간 이상 불린 후,

백반석으로 두어 번 저어줘요.
돌이 깨지지 않도록 조심해서요.

백반석이요?

Alum
싼솜 (สารส้ม)

예, 영어로는 알럼(Alum), 태국어로는 싼쏨.
찹쌀에 윤기를 더해 줘요.

씻은 쌀은 얇은 면포로 잘 감싼 후 찜통에 넣어 중불에 10분 쪄요.
10분 후 면포를 열고 쌀을 뒤집어 다시 10분을 쪄요.
다 익었는지 맛을 보고 익었으면 불을 끄세요.

진한 이산의 맛, 그린파파야 샐러드 – 쏨땀

이번에 만들 음식은 그린파파야 샐러드예요.

맞아요. 쏨땀은 태국 이산 지방의 대표적인 음식이에요.
쏨은 오렌지 혹은 맛이 시다는 뜻이고, 땀은 빻는다는 뜻이에요. 그러니까
쏨땀은 절구에 빻아서 만드는 무침이에요. 돌절구가 아니라 토기절구에
나무공이로 가볍게 빻아 그린파파야가 적당히 부드러워져서 양념이
잘 스며들게 하는 게 중요하죠.

'빽빽'은 절구 찧는 소리를 나타내는
태국 의성어

파파야나무

파파야나무는 이렇게 생겼어요.
재미있죠? 가느다란 줄기에
무처럼 굵은 열매들이
주렁주렁 달려 있죠.

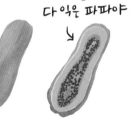

그린 파파야

덜 익은 파파야는 겉은 진초록색,
속은 옅은 초록색 과육이고 씨는 하얘요.
그래서 그린파파야죠.
익으면 겉이 노란색, 주황색이 비치고
속은 주황색으로, 씨는 검게 변해요.
과일로 먹거나 고기를 연하게 할 때
사용해요.

다 익은 파파야

파파야 말고 다른 과일을 써도 돼요.

구아바라든가

파랑 (ฝรั่ง)

덜 익은 그린망고

마무앙 (มะม่วง)

푸른 사과도 좋아요.

애쁜 (แอปเปิล)

쏨땀에는 여러 종류가 있어요.
대표적인 것만 소개할게요.

태국쏨땀 - 쏨땀타이

가장 기본형인 태국 쏨땀이에요.
그린파파야와 당근 채 썬 것에
체리토마토, 마른새우, 땅콩 등을
넣어 빻은 새콤매콤한 쏨땀이에요.

과일쏨땀 - 쏨땀폴라마이

그린파파야 대신 과일을 넣은 쏨땀이에요.
신맛이 나는 파인애플, 사과, 포도 등을
주로 사용해요. 구아바로 만든 쏨땀파랑이나
그린망고로 만든 쏨땀마무앙도 맛있어요.

진한쏨땀 - 쏨땀라오

이산의 맛을 진하게 느낄 수 있는
쏨땀라오에요. '빨라'라는 진한 젓갈과
논게가 생으로 들어가서
호불호가 갈릴 수 있어요.

태국 이산 지방의 대표적인 젓갈 빨라는 생선에 소금과 속겨가루를 섞어 6개월
이상 숙성시켜 만들어요. 이산 지방의 다섯 개 영혼 중 하나라고 말할 정도로
이산 사람들의 사랑을 받는 음식이죠.

이산 젓갈
쁠라라 혹은
빠랄라
(ปลาร้า)

빨라는 이산 말로 작은 물고기란 뜻으로
주로 강에 사는 진흙잉어와 세점구라미를 써요.

진흙잉어

세점구라미

다음은 쏨땀 소스. 피시소스로 짠맛을, 팜슈가로 단맛을,
타마린 소스로 신맛을 내죠. 신맛을 더하기 위해 라임도 꼭 짜 넣어요.

저게 타마린
열매예요. 태국어로는
마캄이라고 부르죠.

아하?
근데 모양이 좀…
큭큭

모양이 좀 이상하지만
타마린은 맛있는 열매예요.
신맛을 내는 데 많이 사용해요.

껍질을 깨면 갈색 과육이 씨를 감싸고 있어요.
그냥 까먹어도 되지만 음식에 소스로 쓸 때는
뜨거운 물에 15분 정도 불렸다가 주물러서
과육을 다 풀어내고 한 번 끓인 후
체에 걸러 사용해요.

그 과정이 귀찮다면 시판 타마린소스를 사용해도 돼요.

파파야는 채칼을 쓰면 과육이 질기게 느껴져요. 그보다는 칼로 내리쳐 칼집을
낸 후 포를 뜨면 아삭한 채가 만들어지죠. 당근도 그렇게 채치고요. 마늘과
마른새우, 쥐똥고추부터 빻다가 양념을 넣어요. 숟가락으로 잘 섞은 후
그린파파야, 당근, 줄콩을 넣고 빻아요. 마지막에 방울토마토를 넣고 빻으세요.
그릇에 담은 후 땅콩을 뿌리면 완성입니다.

숯불구이 치킨 – 까이양

태국 거리를 걷다 보면 어디선가 풍겨오는 맛있는 냄새!
아무리 허름한 노점이라도 숯불을 피우고 굽는 고기 냄새는 사람들을 자동으로
끌어당기는 것 같아요.

돼지목살구이

– 커무양

닭구이

–까이양

이렇게 숯불에 큰 덩어리의 고기를 구운 것을 태국어로 '양'이라고 해요.
보통 돼지고기나 닭고기를 부위별로 구워 주죠. 돼지고기 목살은 '커무'라고
부르는데 이걸 구우면 '커무양'이라고 불러요. 닭고기는 '까이'니까
'까이양'이죠. 대꼬챙이에 끼워 굽는 게 전통 방법이에요. 한국 불고기처럼,
태국의 숯불구이는 세계적으로 인기가 높아요.

각종 순대-싸이끄럭

무삥

까이삥

한입 크기로 썬 고기를 작은 꼬챙이에 끼워 숯불에 구운 건 '삥'이라고 불러요.
돼지고기꼬치인 '무삥'과 닭고기인 '까이삥'이 있죠. 순대처럼 생긴 것도
있어요. '싸이끄럭'이라고 하는데 간 고기에 향신료와 채소를 버무려 소시지
형태로 만들어 숯불에 구워 주는 거예요. 인기 있는 가게는 노점이라도
번호표를 나눠주며 팔아요.

양이든 삥이든 태국식으로 고기를 양념할 때 꼭 들어가는 향신료가 있어요. 바로 세 친구들!

세 친구요?

고수 뿌리   통백 후추   마늘

네 고수뿌리, 통백후추, 마늘이요.

이 셋은 고기를 재울 때 꼭 몰려다녀요.
절구에 빻아서 쓰죠.

자, 이제 고기를 재워 볼까요? 먼저 포크로 고기를 군데군데 찔러 줘요.

여기에 세 친구 빻은 것, 라이트소이소스, 굴소스, 시즈닝소스,
잡내를 잡아 주는 럼주, 그리고 단맛을 더해 주는 코코넛크림을 넣어요.

이렇게 양념에 30분 이상 재운 고기를 중약불로 구워요.
양념 고기를 너무 센 불에 구우면 겉만 타고 속은
안 익어요. 고기를 익히는 중간 중간 양념을 발라요.
태국에선 특별한 솔을 만들어 쓰기도 하죠.
바로 바나나잎솔이에요. 이렇게 바나나잎을 잘라 주세요.

돌돌 말아 준 다음,

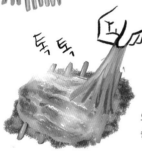

톡 톡

요렇게 양념을 바르는
솔로 써요.

귀여웡~

바나나잎 솔

숯불구이 고기를 위한 소스도 소개할게요.
새콤달콤매콤 소스와 짭짤새콤 소스가 있어요.

새콤 달콤 매콤 소스

소스팬에 설탕 1/2컵, 식초 1/3컵, 소금
2작은술, 곱게 빻은 고추 한 개, 빻은 마늘
1큰술을 넣고 끓여요. 끓어오르면 약불로
줄이고 5분 정도 더 끓이고 불을 꺼요.

짭짤 새콤 소스

소스팬에 피시소스 2큰술, 타마린소스 2작은술,
라임즙 2작은술, 고춧가루 2작은술, 팜슈가
1/4작은술을 넣고 끓여요. 끓어오르면 약불로
줄이고 5분 정도 더 끓인 후 그릇에 담고 서양고수
한 줄기 잘게 자른 것과 생쌀을 볶아 빻은 가루
1작은술을 넣어요.

이산의 소울푸드, 랍

랍! 랍은 태국어로 버무리다라는 뜻으로 주로 이산 지방에서 고기 간 것에
허브를 섞어 버무린 음식을 뜻해요. 랍에는 특별한 쌀가루가 들어가요. 웍에
쌀과 레몬그라스, 카피르라임 잎을 볶은 후, 절구에 빻아 가루를 내서 써요.
거기에 간 고기를 끓는 물에 익힌 것, 샬롯, 서양고수, 양파, 민트, 고춧가루와
고추, 라임 등을 넣고 버무린 음식이에요.

돼지고기 간 것을
끓는 물에 익혀요.

돼지고기 말고도 돼지간, 소고기, 닭고기, 생선을 이용한 랍 등 종류는 많아요. 주로 반찬으로 먹는데 한번 맛을 들이면 중독성이 강해서 이산 지방에는 랍을 잘 하는 맛집이 아주 많답니다.

샬롯

민트

서양고수

고수

랍무

Spicy Minced Pork Salad

이산 스타일 한상 차림

• • •

결혼 후 이튿날 방콕에 도착했을 때의 막막함이 떠오르네요. 음식도 사람도 낯설고, 태국어도 전혀 못 했었죠. 그렇게 방콕에서 4년을 살고 한국에 돌아갈 때만 해도 태국을 다시 그리워할 거라곤 생각하지 못했어요. 그런데 그립더라고요. 어느새 태국이 제 마음에 고향처럼 자리 잡았던 거예요. 다시 태국으로 돌아와 자스민라이스를 사서 밥을 짓고 그 향을 맡는데 가슴이 뭉클했어요. 처음 이 태국밥을 먹으며 왜 이리 밥알이 날리느냐고 불평했던 기억, 신혼시절 서툰 손놀림으로 요리하던 일, 허둥대며 어학원과 일터와 집을 오가던 일상, 태국인 친구들도 모두 추억으로 되살아나서요.

처음 쏨땀 만드는 아주머니를 봤던 일도 기억납니다. 아주 깜짝 놀랐어요. 한 손에는 무처럼 두꺼운 그린파파야를 다른 손에는 식칼을 들고 마구 내리치고 있었죠. 그러면서도 옆 사람과 웃으며 수다를 떨면서 파파야는 쳐다보지도 않았죠! 으악, 그러다 손이라도 내리치면 어쩌려고! 물론 어린 시절부터 능숙하게 쏨땀을 치던 아주머니가 실수를 하진 않았어요.

쏨땀은 제가 제일 좋아하는 태국 음식 중 하나예요. 이산 사람들은 쏨땀에 쥐똥고추는 자기 나이만큼 넣는 거라고 농담을 하죠. 서른 살이면 서른 개? 말도 안 돼. 그러다가 위에 구멍이 날 거예요. 고추는 적당히 넣으세요!

쏨땀에는 찹쌀밥과 숯불구이 고기나 생선을 곁들이면 좋아요. 고소한 찹쌀밥과 향긋한 고기와 매콤한 쏨땀의 조화가 끝내주지요. 쏨땀을 파는 곳에서는 고기와 찹쌀밥을 같이 팔아요. 사람들이 길게 줄지어 서 있는 곳은 맛집이니 그냥 지나치지 말고 꼭 들어가 보세요.

밥짓기

1 | 자스민라이스 냄비밥

반드시 태국산 자스민라이스를 쓰세요. 햅쌀이면 더 좋아요. 전기밥솥을 사용할 때는 백미 모드를 선택하면 됩니다. 찰기를 더하려면 찹쌀을 조금 섞지만 볶음밥을 위해서라면 물기를 더 적게 해야 합니다.

주의할 점

태국의 수돗물은 석회석이 많아요. 태국에서 요리를 할 땐 반드시 정수된 물이나 식수를 사용하세요.

1   바닥이 두꺼운 냄비를 쓴다.
2   쌀은 처음 씻는 물은 가급적 빨리 버리고 두 번째 물로 씻는다. 두 번이면 적당하다. 볶음밥용이라면 3-5회 씻는다.
3   쌀과 물의 비율은 1:1.4로 한다. 햅쌀이라면 물을 약간 적게 잡는다. 볶음밥용은 비율을 1:1로 한다.
4   중불로 가열을 시작하고 끓기 시작하면 아주 약한 불로 15-20분 더 가열한다.
5   밥의 맛을 보아 조금 더 뜸을 들이거나 불에서 내린다.

2 | 찹쌀밥

1   찹쌀 한 컵을 여러 번 씻어 더 이상 탁한 물이 나오지 않으면 3시간 이상 불린다.
2   백반석을 깨지지 않게 조심하여 찹쌀 속에서 두어 번 휘저어준다.
3   불린 쌀을 체에 걸러낸 후 면포에 담는다.
4   찜통에 10분 정도 찐다. 찹쌀을 뒤집어 또 10분 정도 삶는다.
5   밥이 다 된 것을 확인하고 찜통의 불을 끈다.

쏨땀 만들기

재료(2인분)

쥐똥고추 기호에 따라 1-10개

마늘 세 쪽

마른새우 작은 것 1큰술

줄콩 3cm 길이로 썬 것 1큰술

그린파파야 채친 것 1컵 혹은 100g

당근 채친 것 1/4컵 혹은 20g

체리토마토 반 혹은 1/4로 자른 것 2개

구운 땅콩 1큰술

양념

피시소스 2큰술

팜슈가 2큰술

타마린소스 1큰술

라임즙 1큰술

1 가능하면 토기절구와 나무공이를 사용한다.

2 절구에 마늘, 고추, 마른새우를 넣고 가볍게 빻는다.

3 그린파파야 채친 것, 당근 채친 것, 양념을 넣고, 숟가락으로 섞어가며 가볍게 빻는다.

4 줄콩과 체리토마토를 넣고 라임즙을 짜 넣고 조금 더 빻는다.

5 그릇에 옮긴 후 땅콩을 뿌리고 찹쌀밥, 양배추, 줄콩 등의 채소와 낸다.

닭고기 숯불구이, 까이양

재료(2인분)

닭고기(가슴살이나 허벅지 다리살)

두 조각, 혹은 300g

양념

세 친구: 고수뿌리 얇게 썬 것 1작은술,

통백후추 1/4작은술, 마늘 저민 것

2작은술. 빻아서 준비한다.

라이트소이소스 2작은술

시즈닝소스 2작은술

굴소스 2작은술

코코넛크림 3큰술

럼주 2작은술

1 닭고기는 군데군데 포크로 찔러 준다.

2 고기를 양념장에 30분 이상 재운다.

3 그릴을 중불로 달구고, 고기를 올리고 중약불로 낮춘다.

4 고기 겉면이 골드브라운 색이 될 때까지 양념을 발라 가며 구워 준다. 한 면이 거의 익으면 뒤집어 다른 면을 익힌다. 너무 자주 뒤집지 않는다.

랍무

재료(2인분)

간 돼지고기 120g

물 1/4컵

샬롯 가늘게 썬 것 2큰술

서양고수 1cm 길이로 썬 것 2큰술

태국고수 잎 1큰술

민트 잎 1/4컵

쪽파 5mm 길이로 썬 것 2큰술

랍용 쌀가루

생쌀 2큰술

찹쌀 2큰술

카피르라임 잎 찢은 것 한 장

레몬그라스 얇게 썬 것 1큰술

양념

랍용 쌀가루 2큰술

고춧가루 1~2작은술

피시소스 2큰술

라임 1~2큰술

설탕 1/2작은술

1 달군 웍에 생쌀과 찹쌀, 카피르라임 잎, 레몬그라스를 넣고 쌀이 갈색이 될 때까지 볶는다.

2 1을 돌절구에 넣고 빻아 가루로 만든다.

3 냄비에 물을 끓인 후, 돼지고기 간 것을 넣어 익히고 체에 밭쳐둔다.

4 익은 돼지고기에 샬롯과 고춧가루, 2번의 쌀가루, 양념을 넣고 뒤섞는다.

5 서양고수, 태국고수, 민트를 넣고 한 번 더 섞는다.

6 민트잎으로 장식한 후, 오이와 양배추를 곁들여 식탁에 올린다.

세계적인 새우매운탕, 똠얌꿍

전 세계에서 가장 인기 있는 태국
음식이 있다면 그건 바로 똠얌꿍일
거예요. 그만큼 강렬하고 이국적인
태국의 맛을 잘 나타내는 음식이죠.
'똠'은 끓였다는 뜻이고 '얌'은 무침,
'꿍'은 새우란 뜻이에요. 태국식
새우매운탕이라고 생각하면 돼요.

선생님! 제가 똠얌꿍을 위해
새우를 잡아왔습니다!

새우
매운탕!!

래, 래빗님...

똠얌꿍은 국물에 따라 크게 세 가지로 나눌 수 있어요. 고추장을 풀지 않은 맑은 똠얌꿍, 고추장만 푼 똠얌꿍, 고추장과 코코넛크림 혹은 연유를 넣은 탁한 똠얌꿍이죠. 앞의 두 가지를 '똠얌남싸이'라고 부르고, 코코넛크림이나 연유를 넣은 것은 '똠얌남콘'이라고 불러요. 그런데 모든 똠얌꿍 국물에 들어가는 공통 재료가 있어요.

그게 뭔데요?

??

쟈자잔!

바로 이거예요.

아~ 이거 본적 있어요!

바로 레몬그라스, 갈랑갈, 카피르라임 묶음이죠. 시장이나 슈퍼에 가면 똠얌꿍을 위해 이렇게 묶어서 팔아요.

똠얌꿍은 새우껍질과 레몬그라스, 갈랑갈로 국물을 만들어요. 우선 손질한 새우껍질을 물에 끓였다가 체에 면포를 얹고 걸러냅니다.

새우껍질 육수

갈랑갈

갈랑갈은 커리에 쓸 때와는 다르게 막 캐낸 것을 써요. 줄기에 아직 녹색과 보라색이 남아 있는 게 보이죠? 신선한 갈랑갈은 매운맛이 강하고 향이 청량하죠.

슬라이스

레몬그라스는 그냥 넣지 말고 5cm 길이로 썬 다음 나무공이 등으로 줄기를 찧어 주세요. 그래야 향이 잘 배어나겠죠?

레몬그라스

5cm 길이

쿵쿵

새우껍질과 레몬그라스, 갈랑갈을 끓여 국물이 우러나면
볶음고추장(남프릭파우)과 피시소스를 넣고

끓어오르면 버섯과 손질한 새우를 넣어요.

버섯 원하는대로 + 새우

매운맛은 쥐똥고추로 조절해요.
보통 열 개 정도 넣지만,
매운맛이 싫다면 양을 줄이면 돼요.

카피르라임 잎도 넣어요. 요리 마지막에 넣어 주는데 이렇게 줄기를
뜯어내고 잎을 1/4 크기로 찢어 넣으면 된답니다.

카피르라임 잎

간을 보고 완성되면 그릇에 옮겨 담아요.
라임즙은 먹기 직전에 짜 넣으세요.
오래 끓이면 쓴맛이 나거든요.

탁한 국물인 남콘을 만들려면 코코넛크림이나
연유를 넣으면 돼요. 국물이 조금 진득해지고 맛이 달라져요.

코코넛크림

연유

똠얌헷 Mushroom Tom Yum Soup

새우를 넣지 않은 버섯 똠얌도 있어요.
똠얌헷이라고 부르는데 국물이 맑고 시원해요.

똠얌은 태국에서 워낙 인기 있는 맛이라 국수나 볶음면, 볶음밥에도
사용한답니다. 똠얌 쌀국수인 꿰띠아우 똠얌도 맛있지만 저는 꿰띠아우
수코타이를 추천해요. 수코타이의 특산품인데요. 진한 똠얌, 돼지고기,
땅콩이 어울린 맛이 일품이랍니다.

꿰띠아우 수코타이
Sukhothai Style Tom Yum Rice Noodle

얌마마 Spicy Instant Noodle Salad

똠얌의 인기는 인스턴트 라면에서도 볼 수 있어요.. 태국 라면의 대표 브랜드인
마마 똠얌도 아주 맛있어요. 태국인은 라면도 그냥 먹지 않고 면발에 삶은
새우와 채소를 버무려 비빔면으로 만들었죠. '얌마마'라고 부른답니다.

똠얌꿍

Tom Yum Prawn Soup

· · ·

똠얌꿍은 제가 태국에서 제일 처음 먹은 요리예요. 동행한 분이 세계 3대 탕 (Soup) 중 하나라며 권해 주셨죠. 처음 맛을 보고는 한국의 삼계탕이 그 자리를 대신해야겠다 생각했습니다. 하하. 물론 지금은 너무도 좋아하지만요.

똠얌꿍을 먹을 때마다 불만이 있었어요. 새우와 버섯을 빼면 먹을 게 별로 없다는 거죠. 하지만 나중에 갈랑갈이 소화를 돕고 몸을 따뜻하게 해주며 레몬그라스에는 비타민이 많다는 걸 알았어요. 한국의 삼계탕처럼 몸에 좋은 음식입니다. 세계 3대 탕을 누가 어디서 정했는지는 모르겠지만, 삼계탕도 꼭 넣어주세요. 그리고 집에서 똠얌꿍을 만들 때는 버섯과 새우를 많이 넣으세요!

똠얌꿍 만들기

재료(2인분)

새우스톡 1과 1/2컵
레몬그라스 1줄기
갈랑갈 얇게 썬 것 1큰술
대하 4마리 혹은 180g
카피르라임 잎 2장
태국고추 2큰술
장식을 위한 고수 잎

양념

피시소스 3~4큰술
라임즙 2~3큰술
쥐똥고추 짓이긴 것 10~20개
볶음고추장 ㅣ큰술
연유 혹은 코코넛크림 1/4컵

1. 새우는 껍질을 까고 등을 갈라 내장을 빼낸다.
2. 냄비에 물 2컵과 새우껍질을 넣고 끓인다. 끓으면 약불로 줄여 5분간 우려낸다. 체에 면포를 얹고 국물을 걸러 잔여물을 제거한다.
3. 새우스톡에 레몬그라스 찧은 것과 갈랑갈 슬라이스를 넣고 끓인다. 끓기 시작하면 약불로 줄여 5분간 우려낸다.
4. 국물에 대하와 버섯을 넣는다.
5. 고추장, 피시소스, 쥐똥고추를 넣는다. 탁한 국물을 원할 경우 연유나 코코넛크림을 넣는다.
6. 똠얌꿍남콘을 원할 경우 연유나 코코넛크림을 넣는다.
7. 대하와 버섯이 익으면 카피르라임 잎과 태국 고수를 넣는다.
8. 간을 본 후 불을 끄고 그릇에 담는다. 먹기 직전 라임즙을 넣는다(미리 넣으면 맛이 써진다).

맥주를 부르는 튀김요리

자 던지세요.

예!

이얏!

붕!

아니 대체 언제까지
반죽을 던져야 해요?

얼얼

조금만 더 힘내세요, 래빗님.

야구로 만드는 푹신한 새우튀김 -텃만꿍

텃만꿍

Deep Fried Shrimp Cake

맛있지만
너무 힘들다...

새우살과 흰살 생선을 섞어 만드는 튀김 텃만꿍은 태국요리의 애피타이저로
인기가 많죠. 그런데 생각보다 만드는 과정이 만만치 않았어요. 그릇에 반죽을
여러 번 세게 내리쳐서 반죽 안에 공기 방울이 생기게 해야 해요. 정말이지 한
10분은 야구 선수처럼 그릇에 반죽 던지기를 한 것 같아요.

보리멸

새우

라이트소이소스

피시소스

고수뿌리

통백후추

마늘

세 친구

텃만꿍은 새우를 다져서 튀긴 음식으로 보통 알려져 있지만 보리멸 같은 흰살 생선도 들어가요. 그래야 반죽이 조금 더 단단해져요. 거기에 비린내를 잡아주는 세 친구, 고수뿌리, 통백후추, 마늘을 빻아 넣고 라이트소이소스와 피시소스로 간해요.

텃만꿍 얘기를 하니 맥주 생각이 나네요.
태국에서는 싱하, 창, 레오 브랜드가 인기예요.

태국맥주

카아!

싱하

창

리오

맥주에 어울리는 요리가 또 있어요.
태국식 양념치킨이라고 할 수 있죠.

양념치킨!!

까이텃멧 마무앙

Stir Fried Chicken with Cashew Nut

'까이'는 닭, '텃'은 튀김, '멧마무앙'은 캐슈넛을 뜻해요.
한입 크기로 썬 닭튀김에 캐슈넛을 넣고 고추장 소스에 버무린 거예요.

캐슈넛은 캐슈나무의 열매예요. 약간의 단맛에 식감이 좋아 간식으로 바로
먹기도 하고 요리에도 많이 사용해요. 멧마무앙은 망고 모양의 씨라는
뜻이에요. 캐슈넛은 재미있는 전설이 있어요. 아름다운 전설의 숲에 살던
캐슈넛이 동물들의 소리와 아름다운 자연을 보고 싶어 밖으로
나가게 해달라고 기도했어요. 그래서 신이 캐슈넛의 씨를
반쯤 밖으로 빼주었죠. 그렇게 밖으로 나오니 자연의
혹독함을 견뎌야 했다는 반전도 있어요.
어쨌든 캐슈넛 껍질은 아주 두껍고 단단해요.
까려면 강한 불에 태운 후, 쇠막대기로
두들겨야 하죠. 이런 수고를 거쳐 맛있는
캐슈넛을 얻게 되죠.

까이텃멧마무앙을 만들 때 주의할 점은 두 가지예요. 첫째는 캐슈넛, 마른 붉은고추, 전분 묻힌 닭고기를 따로따로 튀긴다는 거예요. 둘째는 소스를 만들고 반드시 뜨거울 때 버무리세요.

양념의 주재료는 태국 볶음고추장이에요. 이미 똠얌꿍이나 꿍팟퐁까리에 들어가는 중요한 소스인 걸 아실 거예요. 이 볶음고추장에 굴소스, 설탕, 시즈닝소스를 더해 끓이면 소스가 돼요.

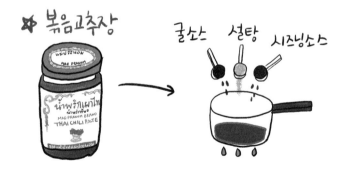

소스가 끓을 때 닭튀김, 마른 고추 튀긴 것, 캐슈넛 튀긴 것과
양파, 쪽파, 여러 색의 피망을 섞어 주면 됩니다.
자, 이제 태국식으로 얼음 넣은 맥주에
빨대를 꽂아 함께 먹어볼까요?
촌께오!(건배)

새우살 튀김, 텃만꿍

Deep Fried Shirimp Cake

재료(2인분)

새우 10-12마리 혹은 200g

보리멸 혹은 흰 생선살 100g

고수뿌리 2작은술, 통백후추 1/4작은술,

마늘 2작은술 빻은 것

빵가루 1컵

튀김용 식물성 기름 3컵

양념

피시소스 1작은술

라이트소이소스 1작은술

찍어먹는 소스

식초 1/3컵

설탕 1/2컵

소금 1/2~1작은술

자두파클 씨 제거하고 으깬 것 1개

1 새우를 손질해 살만 다진다.

2 생선의 살만 다진다.

3 새우살, 생선살, 세 친구 빻은 것을 넣고 반죽한다.

4 물 한 컵에 소금 1작은술을 넣고, 소금물에 손가락만 살짝 적셔가며 반죽이 잘 뭉칠 때까지 10분 동안 치댄다.

5 분량의 피시소스와 라이트소이소스를 넣고, 10분 동안 반죽 그릇에 던져가며 강하게 치댄다. 반죽을 손으로 눌렀는데 원위치로 부풀어오르면 그만 한다.

6 5cm 지름으로 둥글게 만든 후, 가운데를 눌러 살짝 납작하게 만들어준다.

7 빵가루를 묻혀 190도의 기름에 튀겨낸다. 튀길 때 너무 휘젓지 말고 밑이 익으면 한 번 뒤집어주는 정도만 한다.

8 팬에 찍어먹는 소스의 양념을 모두 넣은 후 끓인다. 끓어오르면 약불로 낮추고 5분 정도 졸인다.

태국식 양념치킨, 까이텃멧마무앙

Stir Fried Chicken with Cashew Nut

재료(1인분)

닭가슴살 100g

녹말가루 1/4컵

식물성기름(튀김용) 1컵

마른 치파고추 2cm로 자른 것 1/4컵

캐슈넛 1/4컵

쪽파 2cm로 자른 것 1/4컵

식물성기름(볶음용) 1큰술

양념

설탕 2작은술

시즈닝소스 1작은술

굴소스 2작은술

태국볶음고추장(남프릭파우) 1큰술

1 닭가슴살은 한입 크기로 썰어 녹말가루를 골고루 묻힌다.

2 웍에 기름을 한 컵 붓고 달군 후 약불로 캐슈넛을 넣고 황금색이 될 때까지 튀긴다. 꺼내면 색이 더 짙어지니 너무 오래 튀기지 않게 주의한다.

3 중불로 올린 후, 닭가슴살을 바삭하게 튀긴다.

4 불을 끄고 남은 기름에 마른 치파고추 자른 것을 잠깐 튀긴다. 튀김 기름을 버린다.

5 웍을 올리고 볶음용 기름 1큰술을 먼저 넣고 불을 중불로 켠다.

6 양념을 모두 넣고 설탕이 모두 녹아 진득해지고 가운데 거품이 올라올 때까지 끓인다.

7 꼭 소스가 끓은 후 닭튀김, 캐슈넛, 마른고추를 넣고 양념과 버무려준다.

8 마지막에 쪽파를 넣고 섞은 후, 불을 끄고 접시에 담는다.

열째 날

논타부리 시장 투어

방콕 곳곳에는 재래시장이 많아요. 제가 좋아하는 클렁떠이
시장(Klong Toey Wet Market)은 싸고 신선한 식재료를 많이 팔고,
플루 시장(Talad Plu Market), 오토코 시장(Or Tor Kor Market),
마하차이 해산물 시장(Mahachai Seafood & Railway Market)
등도 유명해요. 쏨쌤과 가본 곳은 방콕 외곽에 있는 논타부리
시장이었어요. 방콕 지상철 BTS 사판탁신역에서 배를 타고 40분
정도 갔답니다. 시간은 좀 걸렸지만 수상도시였던 방콕의 풍광도 보고
일상을 사는 태국인들과 함께 가는 길이 재미있었어요.

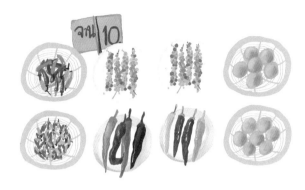

재래시장의 식재료는 싱싱해요. 특히 논타부리 시장은 보이는 대로 다 사가고 싶더라고요. 역시 갖가지 채소와 허브가 먼저 눈에 들어왔어요. 반질반질 윤기가 흐르는 풍성한 재료들이 먹음직스러웠죠. 학원에서 태국음식을 배우고 나니 채소들이 더 구체적으로 눈에 들어오는 게 신기했어요. 한국으로 돌아가면 이렇게 싸고 신선한 허브들을 못 볼 텐데… 벌써 아쉬워요.

케일

홀리바질

호라파!

잘 했어요.

ㅋㅋ

고수

똠얌꿍을 위한 세트

카피르라임 잎

레몬그라스

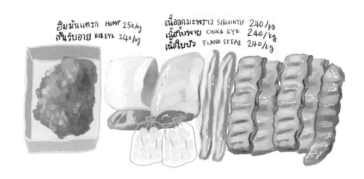

재래시장에선 채소를 묶음이나 바구니 단위로 팔아요. 고기는 부위별로 원하는 만큼 살 수 있어요. 킷이라는 단위를 사용하는데 1킷은 100g이에요. 100g당 얼마 하는 식이죠. 또 로라는 단위도 사용해요. 1로는 1kg이에요.

앗! 농어!
우리 저거 사서
요리해요.

줄무늬고등어
쁠라투 (ปลาทู)

쁠라투! 쁠라투는 태국인들에게 진짜 사랑받는 생선이에요. 대표 밥도둑이죠.
방콕에서 가까운 타이만에서 많이 잡히는 줄무늬고등어인데, 잡아서 손질한 후
소쿠리에 넣고 한번 데쳐내요. 동그란 바구니에 담기 위해 머리를 ㄱ자로 꺾은
게 독특하죠.

역돔

뿔라탑팀
(ปลาทับทิม)

자주 먹는 민물생선으로는 역돔이 있어요. 미국과 이스라엘 어종의 혼종이라고
하는데 태국 왕실에서 배양하여 국민들에게 장려한 생선이라고 합니다.
소금구이나 튀김으로 많이 해먹어요.

농어 뿔라까퐁
(ปลากะพง)

오늘 우리는
농어를 요리해
먹을 거예요.

으엑~
귀!

태국 생선은 따뜻한 물에서 자라서인지 살이 좀 무른 편이에요. 국을 끓일
때도 미리 한 번 튀겨서 끓여야 맛있어요. 오늘 만들 농어 요리는 탕수처럼
바질소스를 뿌린 농어튀김이에요. 손질한 농어에 칼집을 내고 소금을 발라
잠시 재웠다가, 기름에 튀길 거예요.

쥐똥고추, 노란 치파고추, 마늘을
돌절구에 넣고 빻아요. 너무 곱게 빻지
말고 약간 형체가 보일 정도로요.

웍에 기름을 두르고 절구에 빻은 마늘과 고추를 볶은 후

피쉬소스
팜슈가
타마린소스
치파고추
슬라이스
올리바질
튀긴
농어

양념을 넣고 휘저어요. 팜슈가가 녹으면서 소스가 약간 진득해지고 가운데에
거품이 올라오며 부글부글 끓으면 홀리바질 잎과 노란 치파고추 슬라이스한
것을 넣어 주세요. 튀긴 농어에 소스를 뿌려주면 흐음~ 맛있는 농어 탕수 완성!

칠리소스 얹은 생선튀김, 쁠라랏프릭

Deep Fried Fish with Chillies Gravy

· · · ·

한국의 어종과 다르지만 태국 해산물도 그 맛과 풍부함을 자랑합니다. 태국에 사는 동안 손님들이 오면 파타야나 후아힌, 꼬사멧 등 해변도시나 섬으로 놀러가곤 했는데요. 에머랄드빛 열대 바다와 키 큰 야자나무, 그리고 해산물을 파는 여러 식당과 노점들이 어우러져 멋진 풍경을 연출하지요. 또 새우, 랍스터, 생선, 조개, 게를 요리하는 가게들은 식욕을 자극합니다. 각종 허브와 양념을 넣은 소스들도 같이 나오죠. 태양이 붉게 번지며 바다 위로 내려앉고, 바람은 따듯하게 불어오는 이국적인 풍광 속에서 즐기는 해산물은 정말 행복입니다. 그런 여행을 마치고 돌아와 집에서 태국음식을 해먹는다면 그때의 행복감도 함께 불러올 수 있을 겁니다.

쁠라랏프릭 만들기

재료(2인분)

농어 한 마리
소금 1작은술
튀김용 식물성기름
볶음용 식물성 기름 2큰술
쥐똥고추 10개
마늘 4뿌리
노란 치파고추 어슷썬 것 1개
스위트바질 혹은 홀리바질

양념소스

피시소스 4큰술
팜슈가 4큰술
타마린소스 4큰술

1 농어는 내장을 제거하고 깨끗이 씻은 후, 칼집을 내고 소금을 발라준다. 10분 이상 둔다.
2 웍에 기름을 넣고 중불로 달군 후, 농어를 통째로 넣어 골드브라운색으로 튀겨준다.
3 돌절구에 쥐똥고추와 마늘을 넣고 빻는다.
4 중불로 웍을 달군 후, 기름을 넣고 3번의 고추와 마늘을 넣고 볶는다.
5 양념소스를 넣고 팜슈가가 모두 녹을 때까지 휘저으며 끓인다. 소스가 진득해지면 바질을 넣고 불을 끈다.
6 농어튀김 위에 소스를 뿌리고 가늘게 썬 노란 치파고추 등으로 장식한다.

태국 쌀국수

옛날 옛날 태국인들은 쌀가루를 반죽하여 살짝 발효시킨 후,
기구에 뽑아 면을 만들어 먹었어요.

그 위에 맛난 커리를 만들어 끼얹었고

선지를 넣어 끓인
돼지고기 커리

코코넛 크림에
새우와 파인애플을
넣은 커리

생선살을 넣은
레드커리

돼지고기를 넣은
매운 레드커리

닭고기를 넣은
그린커리

원하는 채소와 양념을 마음껏 곁들여 먹었죠.

레몬바질,
민트, 고수 등

숙주

절인 배추

줄콩

다 담아
먹을 거야~

고추   레몬그라스

생강   라임

중국에서 배를 타고
태국에 온 청나라 상인

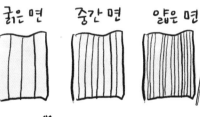

1/2로, 1/4로, 1/8로, 1/16으로 잘라 국수로 사용하면 됩니다.

건조해서 오래 보관할 수 있으니
필요한 만큼 끓는 물에 조리해서

뜨끈한 육수를 부어
만들면 되지!

카놈찐보다 백 배 낫다혜!

뭐? 뭐가 어쩌고 저째?

카놈찐
(ขนมจีน)

Rice Vermicelli

카놈찐은 '찐'이 이름에 들어가서 자주 오해를 받아요. 태국어에서 '찐'은 중국이란 뜻이거든요. 그런데 카놈찐의 '찐'은 그 뜻이 아니에요. 카놈찐은 태국 민족 중 하나인 몬족의 언어에서 왔어요. 몬족어로 카놈찐은 '삶은 국수'라는 뜻이거든요. 폭신한 쌀국수에 매콤달콤한 커리, 각종 이국적인 허브를 듬뿍 넣어 먹는 게 카놈찐이에요. 커리에 따라 다양한 맛을 즐길 수 있죠. 한번 빠져들면 헤어나올 수 없는 중독적인 맛을 가지고 있어요.

17세기의 태국은 아유타야라는 왕국이었어요. 아주 국제적인 나라였죠. 중국을 비롯해 서남아시아 여러 나라와 교류했고, 멀리 서양의 포르투갈이나 아라비아 상인이 활발하게 태국을 오가며 문화적인 영향을 줬죠. 이제는 태국 요리가 된 꿰띠아우는 17세기 중국 상인에 의해 태국에 전해졌어요. 지금도 중국에 가면 이런 식으로 납작한 면을 다양한 크기로 자른 면을 쉽게 볼 수 있어요.

꿰띠아우 Rice Noodle
(ก๋วยเตี๋ยว)

원조 태국 쌀국수 – 카놈찐 남야

제가 잠시 카놈찐 만드는 법을 알려드릴게요. 카놈찐에는 커리가 쓰이는데요.
커리는 넣는 재료에 따라 종류가 많아요. 오늘은 생선살을 넣은 노란 커리를
만들어 보겠어요. 우선 레몬그라스와 갈랑갈을 물에 끓이며 시작할게요.

이 꼭지의
스페셜 셰프

레몬그라스

갈랑갈

5cm 길이

슬라이스

핑거루트라는 향신료를 아시나요? 사람 손가락
모양으로 생긴 뿌리죠. 태국어로는 '끄라차이'라고
하고 다이어트나 고혈압에 좋아요. 이것도 납작한
슬라이스로 잘라 다섯 조각 정도 넣어주세요.

핑거루트

흰살 생선

이제 흰살 생선도 넣어 줄게요.
향이 너무 세지 않다면 어떤
종류라도 좋아요. 다 냄비에
넣고 처음에는 강불로, 끓기
시작하면 중약불로 낮추고 10분
정도 끓여 줘요.

이제 커리 페이스트를 만들어 볼까요?
마른 치파고추 5-6개를 준비할게요.
너무 매울 거 같으면 좀 빼도 돼요. 씨를 빼고
가위로 잘게 잘라 상온의 물에 15분 이상
불려요. 그밖의 재료는 레몬그라스,
마늘, 샬롯, 핑거루트, 갈랑갈,
강황도 얇게 저며 주세요.

마늘

레몬그라스

샬롯

강황

핑거루트

갈랑갈

> 커리 재료들을 다 썰었으면 절구를 준비...

슥

> 해야겠지만 전 힘드니까 블렌더를 쓰겠어요.

ㅋㅋ

블린 고추를
먼저 넣으세요.
씨는 빼도 돼요.

☆← 코코넛 크림
1 컵을 넣어주세요.
(물은 안 돼요.)

↳ 쉬림프 페이스트는
일 차 갈고난 후 넣고 다시 갈아주세요.

어디 보자, 국물이 다 완성됐나요? 체에 걸러 국물만 깨끗하게 내리고,
다 익은 생선살은 건져 주걱으로 으깨요.

이제 국물에
커리 페이스트와
으깬 생선살,
코코넛 크림을 더 넣고
섞은 후 다시 끓여요.

커리가 끓기 시작하면 피시소스, 팜슈가, 타마린소스를 넣고 얼추 간을 맞춘
후, 약불로 15~20분간 더 끓여요. 먹기 직전에 간을 한 번 더 보고 싱거우면
피시소스를 더하세요.

피시소스　　타마린소스　　팜슈가

이제 국수를 삶아야죠?
요즘은 간편하게 만들어져 나와요.

↑ 미펀
RICE VERMICELLI

제품마다 삶는 시간이 다르니
꼭 조리법을 확인하세요.
제 건 7분 정도 삶으라고 나와 있네요.

삶은 국수는 찬물에 헹군 후, 접시에 따리를 틀어 놔요.

스위트바질, 오이, 줄콩 등 원하는 대로 채소를 올리고
달걀도 곁들여 맛있게 드세요.

줄콩

배추 피클

오이

숙주

타이 스위트 바질

맛있게
먹어요~

삶은 계란

태국 전통 쌀국수, 카놈찐 남야

Rice Vermicelli with Fish Curry Sauce

· · ·

오늘의 특별 셰프 강의 어떠셨나요? 타이스위트바질, 오이, 줄콩 등 채소를
듬뿍 올리고 삶은 계란도 곁들여 먹으면 돼요. 식당에 가면 식탁 위에 이런
채소들이 잔뜩 올려져 있을 거예요. 원하는 대로 골라 접시에 넣어 국수와
섞어 먹으면 된답니다. 아주 맛있어요.

카놈찐 남야 만들기

재료(2인분)
미펀 쌀국수 100g

스톡
흰살 생선살 50g
레몬그라스 1줄기
갈랑갈 슬라이스 5쪽
핑거루트 슬라이스 5쪽

커리 재료
말린 치파고추 12~15개
레몬그라스 슬라이스 1큰술
갈랑갈 슬라이스 1큰술
핑거루트 슬라이스 1큰술
마늘 슬라이스 1큰술
샬롯 슬라이스 2큰술
강황 슬라이스 1큰술
(또는 강황가루 1작은술)
새우 페이스트 1작은술
코코넛크림 1+1/2컵

양념
피시소스 2큰술
타마린소스 1큰술
팜슈가 1큰술

곁들이
삶은 계란, 숙주, 줄콩, 여주, 오이, 배추피클,
스위트바질(호라파)

1   냄비에 물 1컵 반을 붓고 분량의 레몬그라스, 갈랑갈,
    핑거루트와 생선살을 넣고 끓인다.
2   말린 치파고추는 씨를 빼고 가늘게 썬 후 상온의 물
    에 15분간 불린다.
3   커리에 필요한 재료들을 슬라이스한다.
4   체에 불린 고추를 올리고 수저로 눌러 물기를 짠다.
5   3, 4를 블렌더에 넣고 코코넛크림 1컵을 넣고 간다.
6   국물을 체에 거르고 생선살은 으깨준다.
7   국물 1컵 반에 생선살 으깬 것과 커리, 나머지 코코
    넛크림 반 컵을 넣고 다시 끓인다.
8   끓어오르면 양념을 넣고 간을 본 후, 다시 약불에
    5분간 끓인다.
9   쌀국수를 삶아낸 후, 찬물에 헹군다.
10 접시에 국수를 올리고 커리를 붓고, 채소를 취향대로
    얹어 섞어 먹는다.

쌀국수 주문하기

이번에는 중국에서 건너와 태국식으로 발전한
꿰띠아우를 알아볼까요? 우선 꿰띠아우
주문하는 방법을 알려드릴게요.

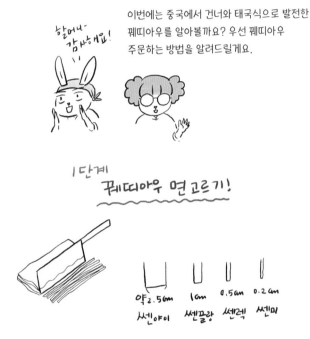

꿰띠아우 면은 폭에 따라 분류해요. 폭이 넓은 쎈야이, 중간 폭의 쎈끌랑,
가느다란 쎈렉, 더 가느다란 쎈미죠. 기호에 따라 선택하면 되지만 볶음면에는
주로 쎈야이를, 국물 있는 면에는 쎈렉을 많이 먹죠.
그밖에 달걀을 넣어 반죽한 밀국수 바미, 녹두 당면 운센, 바미를 튀긴 면도
있어요.

2단계
국물 고르기

2단계는 아주 중요해요. 면은 다 비슷하겠지만, 국물은 가게마다 맛이 다르기 때문이죠. 깊이 있고 맛있는 국물 맛을 내는 곳이 진짜 맛집이죠. 국물은 크게 네 가지로 나눌 수 있어요.

1 맑은 국물 쌀국수 꿰띠아우 남싸이

맑은 육수 국물이에요. 소고기보다는 돼지고기나 닭고기를 주로 사용해 국물을 내요.

2 선지국물 쌀국수 꿰띠아우 남뚝

돼지고기에 간장, 굴소스, 중국향신료, 돼지선지 등을 넣어 끓인 국물이에요. 예전에 배에서 많이 팔던 국수라서 보트누들이라고 불러요.

3 똠얌 쌀국수 꿰띠아우 똠얌

레몬그라스와 갈랑갈 등을 넣어 똠얌 스타일로 끓인 맵고 새콤한 국물이에요.

4 붉은 두부 쌀국수 꿰띠아우 옌따포

옌따포는 '푸루'(Furu), 태국어로는 '따오이후'라고 하는 삭힌 두부소스예요. 진홍색에 독특한 향이 있어 호불호가 나뉘지만 역시 인기 있는 국수랍니다.

3단계 고명 고르기

국물을 정했으면, 고명을 선택합니다. 크게 돼지고기, 닭고기, 소고기, 해산물로 나뉘며 먹고 싶은 부위나 완자를 선택할 수 있답니다.

돼지고기

돼지 살코기 - 느아무

돼지고기완자
룩친무

돼지고기
갈은 것 무쌉

바베큐
무뎅

크르앙나이 무

내장들

소고기

소내장
크르앙나이 느아

소고기완자
룩친느아

소 살코기
느아

닭고기

카까이

닭다리

닭고기
완자

룩친까이

닭살코기
느아
까이

닭발
타우까이

해산물

어묵
룩친꿍

꿍
새우

오징어
쁠라묵

4단계 마지막 양념하기

이제 각종 채소를 올립니다. 빠지지 않는 건 끄라티암찌아우라는 마늘 튀김이에요. 돼지 기름에 튀기면 더 고소하죠. 그밖에 숙주, 고수, 쪽파, 샬롯 튀김, 돼지비계 튀김, 땅콩 등이 들어가요. 때론 끼아우라고 하는 완탕이나 캡무라는 건조 돼지비계 튀김도 들어가죠.

돼지비계기름에   고수   쪽파   땅콩   완탕
튀긴 마늘

화학조미료를 넣는 가게가 많아요. 원하지 않는다면
'마이 아우 퐁추롯'이라고 말하면 됩니다.

최종 단계로 취향에 따라 쌀국수의 간을 맞춥니다.
대부분 기본적으로 간이 돼 있지만
식탁 위 양념들 중에서
원하는 맛을 더해 보세요.

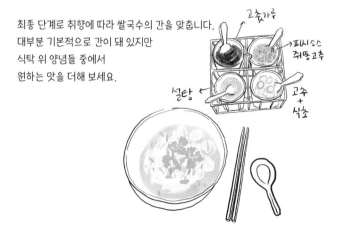

고춧가루

피시소스
쩌땡고추

설탕

고추
+
식초

국물 양이나 면의 유무에 따라 분류할 수도 있어요. 국물이
있는 꿰띠아우 남, 국물이 자작한 꿰띠아우 크룩크릭,
국물이 없는 꿰띠아우 헹, 아예 면을 빼고 고기와 고명에
국물만 넣은 건 카오라오라고 부르죠.

국물 국수
    -꿰띠아우 남

국물이 자작한
꿰띠아우 크룩크릭

면이 없는- 카오라오

국물 없는 꿰띠아우 헹

크룩크릭~

이 중에서 쌀국수 하나만 만들어볼까요?

혁! 설마 어려운 건 아니죠?

재료가 좀 많아서 그렇지 어렵지는 않아요.
앗 저기 배가 오네요. 예전에는 아유타야에서
짜오프라야 강을 따라 많은 배들이 방콕으로 와 물건을
팔았어요. 과일, 채소, 꽃, 생필품 들을요. 꿰띠아우를
파는 배들도 있었어요. 좁다란 배에 온갖 기구를 실어야
하니 그릇은 아주 작았죠. 그게 바로 보트누들,
오늘 배울 꿰띠아우 남똑이에요.

꿰띠아우 남똑
(보트누들 - Boat Noodle)
+
ก๋วยเตี๋ยวน้ำตก

보트누들 육수에는 사실 많은 재료와 양념이 필요해요. 육수는 30분 이상 끓이고 하룻밤 두었다가 다음 날 다시 끓여 사용해요.

힘줄을 제거한 돼지등뼈나 소뼈

또아! 재료가 엄청 많아!

물

다크소이소스　태국된장　시즈닝소스　굴소스　코코넛크림

↳ 다크소이소스는 라이트소이소스에 당밀이나 캐러멜, 그리고 약간의 옥수수전분을 넣은 거예요. 색깔이 진하고 단맛이 가미된 간장이죠.

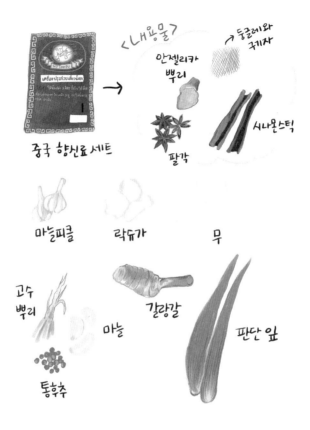

<내용물>

→ 둥글레와 귀차

안젤리카 뿌리

시나몬스틱

중국 향신료 세트

팔각

마늘피클

락교가

무

고수 뿌리

갈랑갈

마늘

판단 잎

통후추

그밖에도 정말 많은 재료가 들어가죠. 이 다양한 재료들을 오래 끓여 깊은 맛을 내는 겁니다.

고명은 돼지고기의 특수한 부위를 사용하는데요. 간에 연결된 내장살인
'쿠아땁무'라는 부위예요. 색이 진하고 육질이 약간 질겨요. 이걸 향신료와
함께 3시간 이상 삶은 후 건져내 식혀 한입 크기로 잘라 고명으로 사용합니다.
식감이 쫄깃하고 맛있어요.

쿠아땁무
(ขั้วตับหมู)

동회추

파인애플

시나몬
스틱

팔각

고기를 삶을 때도 다크소이소스와 시즈닝소스,
피시소스, 설탕을 넣어 줍니다.
육수와 고명을 준비하는 과정은 복잡하고 시간도
오래 걸리지만 그 다음 단계부터는 금세 할 수 있어요.

쌀국수용 체에 숙주와 쌀국수를 넣고 뜨거운 물에 데쳐내듯 삶아
그릇에 담아요. 정성스럽게 끓인 육수를 붓고 풍성하게 고명을
얹어내면 됩니다.
마지막으로 국자에 선지를 약간 담아 국물을 더해
그릇에 부어 줍니다.
이제 식초소스와 피시소스로 각자 간하고
레몬바질을 얹어 먹으면 됩니다.

레몬바질

차이니스샐러리

고수

서양고수

태국팍봉

돼지비계
마늘튀김

돼지고기

돼지고기

돼지고기 완자

선지

무

선지쌀국수, 꿰띠아우남똑

Boat Noodle

. . .

꿰띠아우남똑 레시피는 꽤 복잡해서 이제껏 싼 가격에 먹었던 이 쌀국수
가 다시 보일 지경이에요. 이번 레시피는 4인 기준입니다.

꿰띠아우 만들기

재료(4인분)

물 10컵

돼지뼈 300g

무 1/4개

판단 잎 3줄기

고수뿌리, 통백후추, 마늘 빻은 것 1/4컵

마늘피클 반 뿌리

얇게 썬 갈랑갈 구운 것 2쪽

시나몬스틱 2개

팔각회향 3개

된장 1큰술

다크소이소스 2큰술

소금 1큰술

락슈가 1큰술

시즈닝소스 1큰술

굴소스 2큰술

코코넛크림 1/2컵

고명용 고기 삶는 재료

쿠아땀무 250g

팔각회향 구운 것 3개

시나몬 구운 것 1개
다크소이소스 1큰술
시즈닝소스 1큰술
피시소스 1큰술
설탕 1큰술
통백후추 1큰술
파인애플 2큰술
물 5컵

고기 고명 양념

돼지고기 100g
베이킹파우더 1/4작은술
시즈닝소스 1/2작은술
소금 1/2작은술
설탕 1작은술

고추식초

쥐똥고추 10-20개
후추가루 1작은술
식초 1/4컵

기타 재료

쌀국수 가는 것(쎈렉) 100g
소고기 어묵 또는 돼지고기 어묵 3개
숙주 1/2컵
고수 1큰술
차이니스샐러리 1큰술
쪽파 1큰술
선지 1큰술 (원하는 만큼)
마늘 기름에 튀긴 것 1작은술
샬롯 기름에 튀긴 것 1작은술

고춧가루
피시소스
설탕

1 육수 재료를 모두 큰 냄비에 넣은 후 끓인다.

2 국물이 끓어오르면 중불에서 중약불로 내리고 국물 표면에 올라오는 불순물을 걷어내며 30분 이상 끓인다. 국물은 하룻밤 두었다가 다음 날 다시 끓여 사용하면 더 맛있다.

3 돼지비계를 웍에 넣고 볶으면 기름이 분리된다. 튀겨낸 비계는 다른 그릇에 담고 그 기름에 마늘과 샬롯을 튀겨낸다.

4 돼지고기 고명은 양념에 버무린 후 3시간 이상 재운다.

5 쿠아땁무와 삶는 양념 모두 냄비에 담고 세 시간 이상 약불에 끓인다. 불순물을 제거하고, 고기가 익으면 건져내 식혀 한입 크기로 자른다.

6 작은 소쿠리에 숙주를 담아 쌀국수 국물에 데쳐 그릇에 담는다.

7 쌀국수 면을 소쿠리에 담아 끓는 물에 데쳐 그릇에 담는다.

8 양념된 돼지고기와 어묵을 소쿠리에 담아 국물에 데쳐 그릇에 담는다.

9 쿠아땁무 고명을 얹고, 채소와 마늘, 샬롯, 돼지비계 튀김을 골고루 얹은 후 국물을 붓는다.

10 취향에 따라 국자에 선지를 담은 후 국물을 더해 국수에 붓는다.

11 쥐똥고추와 후추를 웍에 구워 절구에 빻고, 식초를 더하고 국수에 소스로 더해 먹는다.

돼지고기 맑은 쌀국수, 꿰띠아우 남싸이 무

Noodle Soup with Pork

맑은 국물 쌀국수의 기본형이 아닐까 싶어요. 태국인들은 소고기보다 돼지
고기나 닭고기 육수를 선호한답니다. 저는 돼지고기살코기(느아무)나 돼지
고기 간 것(무쌉) 넣은 걸 좋아해요. 내장(크르앙나이)은 그리 즐기는 편이 아
니라 빼고 새우어묵(룩친꿍)을 추가하죠. 국수를 받으면 고춧가루를 좀 치
고, 땅콩가루를 담뿍 넣은 후, 피시소스로 간을 해서 먹어요. 따뜻하고 가볍
게 한 끼를 해결하고 싶을 때 찾는 음식입니다. 쌀국수를 사먹을 때 붉은 수
탉이 그려진 그릇을 자주 봤는데요. 치앙마이에서 시작한 '참뜨라까이'라
는 브랜드인데 쌀국수를 제대로 하는 가게는 이 그릇을 많이 쓴대요. 이건
《뻑뻑 누들》(Pok Pok Noodle)이라는 유명한 태국요리책에서 읽었어요.

참뜨라까이
(cham Tra kai) →

치앙마이 람빵에서 만들어진
다나바디 공장의 제품이다.

닭고기 여주 쌀국수, 꿰띠아우 까이뚠 마라

Dark Noodle Soup with Chicken and Bitter Melon

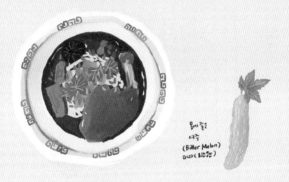

물에 졸은
여주
(Bitter Melon)
마라(쓴오이)

전 사실 선지를 넣은 꿰띠아우 남똑을 잘 먹지 않았었어요. 시커먼 국물에 뭐가 들었는지 통 알 수 없어 불안했던 거죠. 이번에 학원에서 배우고 직접 만들고서야 그 맛을 알았어요. 그나마도 선지를 꺼리는 저를 위해 쏨 선생님이 선지를 따로 넣어주시며 맛을 보게 해줘서 좀 나아진 거죠. 그 대신 꿰띠아우 까이뚠 마라는 좋아해요. 왠지 몸에 좋을 것 같아서였는데 알고 보니 마라라고 부르는 여주는 항염 작용과 노화 억제에 좋은 재료라고 하네요. 맛있는 버섯과 닭고기도 들어 있습니다.

바비큐 돼지고기 에그누들, 바미무뎅

Egg Noodle Soup with Red Pork

무뎅 →
(หมูแดง)

바미무뎅! 제가 진짜 좋아하는 국수예요. 바미는 달걀을 넣어 만든 밀국수인데 보통 노란색이 나고 색소를 넣어 연두색으로 만들기도 해요. 면을 삶은 후 기름에 살짝 무쳐 쫄깃한 식감이 나요. 여기에 돼지 육수를 붓고 붉게 양념해서 바비큐한 돼지고기를 썰어 얹어 줍니다. 이게 붉은 돼지고기 무뎅인데 중국에선 차슈라고 부르더군요. 여기에 '끼아우'라고 하는 완탕을 추가할 수 있어요. 그땐 바미무뎅끼아우라고 주문하죠. 채소로는 카이란과 쪽파를 넣어준답니다. 국물 없이 먹을 때는 바미무뎅에 헹이라는 단어를 덧붙이면 됩니다.

커리 에그누들, 카오써이

Curry Noodle Soup

치앙마이의 특산품이죠! 바미를 튀겨 만든 국수에 커리를 넣어주는 카오 써이는 태국인들도 치앙마이에 와서 꼭 먹어보는 지역 요리입니다. 원래 카오써이는 밀국수가 아니라 쌀국수로 만들었었다고 합니다. '카오'라는 단어가 쌀을 뜻하고 '써이'는 썰었다는 뜻이니 꿰띠아우였다는 거죠. 하지 만 어느 때부터인가 튀긴 바미를 사용한답니다.

    고명으로는 닭다리 하나와 샬롯과 배추피클 등을 곁들이고 라임즙을 짜 넣습니다. 어찌 보면 중국식 꿰띠아우와 바미 그리고 태국식 카놈찐의 조 화라고 할 수 있겠네요.

태국 대표 국수의 탄생, 팟타이

1930년대에 쁠랙 피분송크람이라는 태국 총리가 있었어요. 민족주의자였던
그는 시암이라는 국호를 바꿔 태국(Thailand)을 선포했죠. 타이 민족의
땅이라는 뜻이에요. 그는 당시 쌀 소비를 촉진하기 위해 쌀국수를 권장하며
국가 차원에서 여러 레시피를 보급했어요. 그중 하나가 바로 팟타이,
타이볶음이라는 오늘의 면요리지요.

시장에 가면 커다란 팬에 팟타이를 대량으로 볶는 상인들을 볼 수 있죠.
그들이 만드는 걸 보면 정말 쉬운 요리 같아 보이지만, 쌀국수 면은 잘 뭉치기
때문에 볶기가 쉽지는 않아요. 요령도 필요하고, 미리 익히거나 불려서 빠르게
볶아내야 해요.

팟타이에는 독특한 재료가 몇 가지
들어가요. 그중 하나가 겉에 노란
색소를 칠한 태국 두부랍니다. 단단한
이 두부는 겉을 바삭하게 볶는 게
중요해요.

갈색 무피클도 있어요. 짭조름하면서
약간 신맛이 있죠. 신맛을 좀 더 내기
위해서 타마린소스도 넣고 마지막에
라임즙을 뿌려요.

보통 팟타이에는 마른새우를 넣지만 좀 고급스럽게 만들 때는 생새우를,
가끔은 왕새우를 볶아 넣기도 합니다.

빙글빙글

쌀국수가 뭉칠 때는 스파츌라의
모서리로 원을 그리며 살살
풀어주며 볶으세요. 물을 한 작은술
정도 넣어도 됩니다.

국수가 익으면 웍 한쪽으로 살짝
밀어놓고 계란을 깨서 넓게
펼치세요. 바로 젓지 말고 70%
정도 익은 후 국수와 섞어야
지저분하지 않아요.

계란과 섞을 때는 스파츌라를 삽처럼
이용해 재료를 퍼서 뒤집어주며 섞으세요.
마지막에 불을 올려 물기를 날리고
질척해지지 않도록 주의하세요.

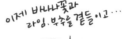

스파츌라 다루는 요령과 함께 불 조절, 시간 조절이 아주 중요해요.

아무래도 팟타이는
제게 너무 어려워요.

연습하면 나아져요.

지금까지 요리 중에
쏨땀이 제일 쉬웠어요.
역시 쏨땀 장사를…

그럼, 작가는 이제
그만두는 건가요?

헉! 아니요!
작가는 제가 제일
하고 싶은
직업이라고요!

하하, 그럼 둘 다
열심히 하면 되겠네요,
래빗님. 글도 태국 요리도
즐겁게 연습하세요.

볶음쌀국수, 팟타이
Thai Style Fried Noodle

. . .

'라따뚜이'라는 영화 있죠? 거기에서 라따뚜이는 평범한 음식이면서도 개인의 입맛에 맞추기 까다로운 음식으로 나오죠. 팟타이가 제게 그래요. 어디는 면이 너무 질척거리고, 어디는 감칠맛이 부족하고. 제 입맛에 맞는 적당한 불맛과 적당한 면의 쫄깃함을 찾기가 힘들더라고요. 만들어보니 왜 그런지 알겠더군요. 팟타이는 깊은 내공이 필요한 음식이었어요. 제가 가장 맛있게 먹었던 팟타이는 치앙마이 선데이마켓에서 먹은 거였어요. 중년 아저씨가 세상 달관한 표정으로 빠르게 만드시는데 제 입맛에 너무 잘 맞는 거예요. 치앙마이에 살 때는 정말 매주 갔었죠. 불 때문인지, 웍맛이 밴 때문인지, 스파츌라를 쓰는 요령 때문인지 알 수 없지만 언젠가는 나만의 팟타이 만드는 비법을 꼭 찾아내겠어요.

팟타이 만들기

재료(2인분)

쌀국수 가는 것(쎈렉) 140g
식물성 기름 2큰술
단단한 두부 깍뚝썬 것 1/4컵
마늘 다진 것 1작은술
샬롯 다진 것 2작은술
태국무피클 다진 것 2큰술
(없을 경우 김밥용 우엉이 맛이 비슷함)
마른새우 15g
(생새우를 쓸 경우 6마리)
달걀 1개
숙주 1컵
부추 3cm 길이로 썬 것 1/4컵

양념

피시소스 3큰술
팜슈가 3큰술
타마린소스 3큰술

곁들이

라임 한 쪽
숙주 1/2컵
바나나꽃 반 개
구운 땅콩 조금 빻은 것
부추 12cm 길이로 자른 것 3-4줄기
고춧가루 원하는 만큼

1. 소스 냄비에 피시소스, 팜슈가, 타마린소스를 넣고 끓여 팜슈가가 완전히 녹으면 약불로 줄여 2분간 졸인다.

2. 마른 쌀국수는 상온의 물에 5분간 불린다.

3. 웍에 물을 약간 넣고 쌀국수를 넣어 면이 부드러워질 때까지 살짝 익힌다.

4. 중불로 웍을 달군 후, 기름을 반 붓고, 두부를 볶는다. 두부가 부서지지 않도록 주의하고 익으면 웍 한쪽으로 밀어두고 기름의 나머지 반을 넣는다.

5. 마늘을 볶는다. 마늘향이 올라오면 새우를 넣고 볶는다.

6. 새우가 80% 정도 익으면 샬롯, 무피클을 넣고 볶는다. 옆에 밀어두었던 두부와 섞어 볶는다.

7. 쌀국수를 넣고 양념을 더한다. 국수가 뭉치지 않도록 스파츌라의 뾰족한 부분으로 살살 돌려가며 볶는다.

8. 면을 웍의 한쪽으로 밀어넣고 웍 중앙에 달걀을 깨뜨려 넓게 펼쳐 60-70퍼센트 정도 익으면 면과 섞는다.

9. 숙주와 부추를 넣고 빠르게 섞어 볶은 후 마무리한다.

10. 접시에 담고 곁들이를 얹어 낸다.

간장볶음국수, 팟씨유

Stir fried Noodle with Black Soy Sauce and Pork

'팟'은 볶다, '씨유'는 간장이란 뜻이니 '팟씨유'는 간장볶음이란 뜻입니다. 보통은 좀 넓은 면인 쎈야이를 사용하고 돼지고기와 달걀, 카이란을 넣어 볶은 국수예요. 담백한 한 끼 식사로 좋답니다. 돼지고기가 들어가면 팟씨유무, 닭고기는 팟씨유까이, 새우는 팟씨유꿍이라고 불러요.

비슷한데 조금 다른 것도 있어요. '랏나'라는 건데요, 면은 볶고 그 위에 탕수 소스를 뿌리는 볶음국수입니다. 랏은 끼얹다라는 뜻이고 '나'는 위, 앞, 얼굴을 뜻하니 위에 끼얹었다는 뜻이죠. 음식이 나오면 식초, 설탕, 고춧가루, 후춧가루를 기호에 따라 뿌려 먹으면 됩니다. 돼지고기가 들었으면 랏나무, 해산물은 랏나탈레라고 부릅니다.

주정뱅이볶음국수, 팟키마우

Drunken Style Stir Fried Noodle

'팟키마우'는 주정뱅이볶음이란 뜻입니다. 술 먹은 다음날, 쓰린 속을 부여잡고 냉장고 속을 헤집어 손에 잡히는 대로 모두 넣어 볶았다는 뜻입니다. 정신없이 먹는 것이니 쌀국수든, 스파게티든, 라면이든 면은 상관없습니다. 거기에 새우, 오징어, 고추, 생후추, 당근, 베이비콘, 버섯, 카피르라임잎, 그리고 홀리바질 끄라파우가 빠지면 섭섭하지요.

　아주 맵고 자극적인 볶음인데 해장으로 먹는다니 이해가 잘 안 되지만, 입맛 없을 때 먹으면 화끈하게 정신이 들어요.

망고찹쌀밥은 디저트!

오늘부터 디저트를 배워 보아요.

까야아~
달달이!

맵고 자극적인 음식을 먹고 나면 자연히
달콤한 디저트를 찾게 되죠. 오늘
만들어 볼 디저트는 망고찹쌀밥, 바로
카우니아우마무앙이에요.

쏨쌤, 이건 밥이잖아요.
밥이 어떻게 디저트가 돼요?

하하, 디저트예요.
물론 식사로 먹겠다고 해도
말리진 않겠어요.

망고찹쌀밥은 좀 신기한 조합이죠. 밥에
과일을 곁들여 먹는데 그게 또 디저트라니?
하지만 한번 맛보면 코코넛크림을 머금은
달콤하고 쫀득한 찹쌀과 촉촉한 망고의
조합이 의외로 훌륭하다는 걸 알게 됩니다.

신맛이
강한
그린 망고

이때가
은 맛있다
약간 부드럽고
적당 새콤!

복숭아처럼
물컹하고
달콤함

✿다 먹을 수 있음! 콩

태국의 망고는 마무앙이라고 불러요. 망고찹쌀밥에는 남덕마이라는 품종을
주로 쓰는데 다른 망고보다 약간 길고 더 달아요. 익기 전에는 녹색이고 맛이
아주 시다가, 익으면서 노란색으로 변하고 달콤해져요.

망고는 종류가 많답니다. 고구마처럼 맛이 밍밍한 망고도 있어요. 신 망고는
양념에 찍어서 상큼한 맛을 즐기거나 쏨땀 재료로 사용해요. 중간쯤 익은
망고는 감칠맛이 있어 피클을 만들기도 해요. 완전히 익은 망고는 달고 과즙이
풍부하죠. 제각각 특색이 있으니 한번 시도해 보세요.

태국 디저트 일등 공신 발표!

태국 디저트에 가장 큰 영향을 준
일등공신을 한번 찾아볼까요?

첫 번째 후보는 코코넛이에요.
정말 많이 쓰이죠.

코코넛은 태국어로 마프라우라고 해요.
코코넛크림은 까티라고 하죠. 코코넛은
주스, 과육, 오일까지 모두 큰
사랑을 받고 있어요.

앞의 망고찹쌀밥에서 봤듯이
코코넛크림으로 각종 소스를 만들어요.

Sticky Rice with Mango

코코넛 푸딩

Coconut Agar Desert

푸딩도 만들고 바나나, 호박, 토란, 떡 등
각종 재료에 곁들여 사용하죠.

두 번째 후보는 바나나예요.

2번 후보
바나나

특히 애플바나나라고 하는
끌루아이남와를 디저트에
가장 많이 쓰죠.

앗!
끌루아이
남와!

오 나도요?

와~

오동통

약10~12cm

끌루아이는 바나나라는 뜻이고 남와는 종류를 말해요. 한국에서 자주 보는
바나나는 향긋한 바나나라는 뜻인 끌루아이험 종류가 많고 그보다 더 크면
코끼리 바나나라는 끌루아이창이 있어요. 애플바나나는 짧고 통통하고 약간
사과 맛이 나서 그런 이름이 붙게 되었어요. 단백질이 풍부해 유아식으로
쓰이고, 변비에도 좋다고 하죠.

애플바나나를 끓여서 익힌 후
코코넛크림 소스에 담은 건
태국에서 아주 대중적인 디저트예요.

바나나 코코넛 밀크 디저트
Boiled Banana with Coconut Milk

바나나를 숯불에 구워 소스를
뿌려 먹기도 하고

바나나구이
Grilled Banana

튀겨 먹기도 하죠.
깨를 뿌린 튀김은 아주 맛있어요.

바나나튀김
Deep fried Banana

세 번째 후보는
판단 잎이에요.

어머~

3번 후보   판단 잎

60cm

판단 잎이요?

네, 태국 디저트에서 알게 모르게
많이 쓰이는 잎이에요.

판단 잎은 부드러운 향이 나는
허브예요. 태국을 비롯해 서남아시아에
널리 분포되어 있어요. 태국어로는
'바이떠이'라고 해요. 태국인들은
판단 향을 아주 좋아해서 예쁘게 접어
방향제로 쓰거나 아이들 장난감으로도
만들어 줍니다.

디저트를 만들 때, 특히 코코넛크림을
끓일 때 판단 잎을 넣곤 하죠.
태국 음식이나 디저트에서 옅은 풀향이 난다고
느낀다면 판단 잎일 가능성이 높아요. 또 바나나
잎처럼 판단 잎으로 작은 그릇을 만들어 사용하기도
하죠. 그릇도 되고 향도 풍기니 일석이조랍니다.

이렇게 고기를 싸서 굽거나 쌀국수 국물을
내기도 하죠.

판단잎 치킨 튀김
Deep Fried Chiken Wrapped with Pandan Leaf

판단 잎은 특히 레몬그라스와 잘 어울려요. 같이
끓여서 뜨겁거나 차가운 차로 마시기도 하고

레몬그라스 판단주스
Lemongrass & Pandan Juice

젤리로 만든 후 달콤한 코코넛크림에
담아 먹기도 해요.

코코넛소스와 판단젤리
Panda Jelly with Coconut Cream

'상카야'는 빵에 커스타드 크림을
찍어 먹는 디저트에요. 판단 잎을
갈아 만든 커스타드에 솥에 찐
빵을 곁들여 먹어요.

판단 커스터드
Pandan Custard with Bread

망고찹쌀밥, 카우니아우마우앙
Sticky Rice with Mango

. . .

워낙 과일을 좋아하는 제게 망고찹쌀밥은 행복이었어요. 그런데 너무 달아서 소스는 빼고 먹곤 했죠. 디저트라는 걸 안 다음엔 매운 똠얌쌀국수의 후식으로 망고찹쌀밥을 먹었어요.

요즘은 망고 대신 두리안을 곁들이기도 하더군요. 촉촉하고 부드러운 과일과 쫀득한 찹쌀밥의 조합이 때론 케이크보다 더 맛있어요.

위 사진은 방콕에서 제가 좋아하는 식당 '반따르앙'에서 먹었던 디저트 차림이에요. 전통 방식으로 정성스럽게 만드는 디저트가 맛있고 저렴하기까지 해 아주 인기가 높아요. 태국인들은 수박에도 고명을 얹어 먹거나 바나나, 타로, 젤리에 코코넛크림소스를 넣어 먹습니다.

카우니아우마무앙 만들기

. . . .

재료(2인분)

찹쌀 1컵
코코넛크림 2/3컵
설탕 1/2컵
소금 1/2작은술
잘 익은 망고 1개
녹두 껍질 벗긴 것 2큰술

소스

코코넛크림 1/2컵
소금 1/4작은술
쌀가루 1작은술

1 찹쌀을 맑은 물이 나올 때까지 다섯 번 정도 씻은 후 3시간 이상 불린다.

2 물기를 뺀 찹쌀을 면포에 싸서 찜통에 찐다. 10분 찐 후, 쌀을 뒤집어 10분 더 찐다.

3 밥을 하는 동안 냄비에 분량의 코코넛크림, 설탕, 소금을 넣고 끓인 후 실온에서 식힌다.

4 밥이 다 되면 즉시 3을 섞고 뚜껑을 덮어 둔다. 20분 후 밥을 잘 섞고, 다시 20분을 두면 소스가 찹쌀밥에 모두 스며든다.

5 팬에 소스 재료를 넣고 약불로 끓이다가 진득해지면 불을 끈다.

6 녹두를 물에 씻은 후, 팬에 물 한 컵을 붓고 끓인다. 익으면 물기를 빼고 마른 팬에 살짝 볶아 바삭하게 만든다.

7 접시에 4의 코코넛찹쌀밥을 동그랗게 올린 후, 소스를 뿌리고, 녹두를 뿌린다. 망고를 잘라 곁들여 낸다.

아유타야 디저트 여행

태국의 전 왕조 아유타야는 중국, 포르투갈, 프랑스, 일본, 아라비아, 인도의 영향을 받아들이며 음식 문화에도 많은 변화가 일어났다. 특히 디저트의 변화가 눈부시다.

쏨쌤, 아유타야는 방콕에서 가깝나요?

네, 차로 한 시간 정도 거리죠. 래빗님, 가본 적 없어요?

아직 못 가봤어요.

네?

그럼, 우리 한번 같이 갈까요?

덕분에 아유타야에 가게 됐습니다.

아유타야
Ayutthaya

아유타야는 방콕 근교의 도시예요. 우리가 간 날은 날씨가 방콕보다 더
더웠어요. 너른 평야에 옛 아유타야 왕궁의 성과 사찰들의 유적이 남아
있었어요. 아유타야는 한국의 조선 왕조와 비슷한 시기에 세워졌는데 버마의
침략으로 완전히 무너지고 말았죠. 태국인들은 이 역사를 무척 뼈아프게
생각해서 파괴된 성과 사찰을 그대로 보존하고 있었어요. 느낌이 아주
묘했어요. 세월의 더께 때문일까요? 어디선가 옛 왕국 사람들이 튀어나올 것
같기도 하고, 슬프고도 고요하고 아름다운 곳이었어요.

도시가 무너질 때 버마군이
불상의 머리를 전부 잘랐는데
그중 하나가 보리수 나무 속에 있다가
뿌리와 함께 자라고 있었어요.

신기하다

쏨쌤의 아버지는 친절하고 재미있는
분이에요. 역사를 많이 아시는데다 한국
문화도 좋아해서 아유타야에 대해 제가
이해하기 쉽게 설명해 주셨지요. 이 닭은
아유타야의 나레수안왕이 좋아했던 투계의
기념물이래요. 나레수안왕은 고구려의
주몽과 같은 사람이라고 하셔서 깜짝
놀랐어요. 한류의 힘, 정말 대단하네요.

김치~

아유타야는 도시 전체가 유네스코 세계 유산으로
등재되었을 만큼 태국에서 소중한 곳이에요. 부처의 얼굴이
나무 뿌리에 휘감겨 있는 왓프라마하탓,
낡고 무너졌지만 시간의 흔적 속에 신비로운 석탑들이 아름다웠던 왓프라시산펫,
왕족의 별궁인 방파인과 외형은 교회인데 내부는 사찰이었던 왓니펫탐마프라,
옥장이 가득한 짜오프라야 강과 그 위를 지나가는 낡은 케이블카.
아유타야의 하루는 정말 즐거웠답니다.
점심으로는 아유타야에서 유명한 보트누들을 먹고 강가에 있는 카페에 갔어요.
거기서 솜사탕 실타래를 얹은 커피를 시켜 먹었는데요.
이 실타래가 아유타야의 유명한 디저트인 엔젤헤어라고 하더군요.

엔젤헤어는 커피에 얹어 먹을 수도 있고 이렇게 로띠에 싸서 먹기도 해요.
판단 잎 등 천연색소로 물들인 로띠싸이마이가 아주 맛있었어요.

로띠싸이마이
Roti with Angel Hair

요렇게
반죽을 팬에
문질러 얇은 로띠를
만들어요.

16세기의 아유타야는 외국 문물을 적극적으로 받아들였어요.
유럽, 중국, 아라비아, 인도, 일본 등 여러 나라의 사람들과
문화가 이곳에 흘러들어 왔지요.

특히 다양한 음식을 즐겼던 왕족과 귀족들이 있었기에
발전한 아유타야의 음식 문화는 국민들에게까지 스며들었어요.
지금도 왕궁에서는 태국 음식의 레시피를 보존하고
전하는 역할을 하고 있어요.

Queen of Dessert

그중에 눈여겨볼 사람은 기요마라는
이름의 귀족 여성이에요. 디저트의
여왕이라고 부르지요. 본명은 마리아
기요마(Maria Guyomar de Pinha)로
이름에서 알 수 있듯 외국인으로
아유타야에서 태어났어요. 그녀는
종교탄압을 피해 아유타야에 온
일본인 어머니와 포르투갈인 아버지
사이에서 태어났어요. 후에는
나라이 왕의 재상이었던 그리스
남자 콘스탄틴 팔콘과 결혼했죠.
그는 당시 유럽 문화를 품고 있던
사람이었으니 기요마는 그야말로
포르투갈, 일본, 그리스, 유럽의
문화에 에워싸여 있었어요.

그녀가 왕실에서 만든 다양한
디저트는 현대 태국의 디저트에 많은
영향을 끼쳤어요. 말년에는 남편이
실각하면서 그녀 또한 평생 왕실의
부엌에서 일해야 하는 형을 받아
안타깝게 생을 마쳤어요.

텅입
ทองหยิบ

기요마가 만든 디저트 중 하나가
지금도 유명한 '텅입'이에요.
달걀이나 오리알의 노른자에 설탕을
섞어 만든 포르투갈식 과자죠. 예쁜
노란 색이 황금을 닮았다고 해서
태국인의 결혼식이나 중요 행사에
빠지지 않아요.

노른자를 체에 내려 설탕물에 바로 익혀
실타래처럼 만든 걸 '퍼이텅' 영어로는
엔젤헤어라고 부르는 거랍니다. 사실
엔젤헤어는 '피오스 데 오보스(Fios de
Ovos)'라는 포르투갈의 디저트예요.

angel hair

이렇게 작은 로띠에 넣어 얹었던
엔젤헤어를 더 솜사탕처럼 가느다랗게
만들어 각종 디저트에 쓰고 있어요.

음식에 얽힌 역사 이야기, 정말 재미있지 않나요?
여러모로 즐거웠던 아유타야 여행이었어요. 쏨쌤
아버지, 감사합니다. 우리 또 같이 여행 가요.

쏨쌤이 추천하는 태국 전통차

차(tea)는 태국어로도 차라고 해요. 재미있지 않나요?
좀더 정확하게는 남차라고 부르죠. 남은 물이란 뜻이에요. 그래서 차, 남차, 혹은
남이란 단어를 혼용해서 쓰죠. 거기에 뜨겁다는 뜻의 '런'을 붙이거나 차갑다는 뜻의
'옌'을 붙여요. 남차런은 뜨거운 차, 남차옌은 차가운 차. 남런은 뜨거운 물, 남옌은
차가운 물, 커피라면 카페런은 뜨거운 커피, 카페옌은 차가운 커피. 이렇게 단어를
붙여 만들죠. 여기서는 제가 좋아하는 전통차 몇 개를 소개할게요.

남마뚱

Bel Fruit Tea

벨프루트 열매를 끓인 차예요.
설사나 위장장애에 좋아요.

남차마캄 Tamarinde Tea

타마린차예요. 타마린은 신맛이 있어 요리
재료로도 쓰고 간식으로 그냥 먹기도 해요.
남차마캄은 장에 아주 좋아서 다이어트 차로도
유명하답니다. 벨프루트는 설사를 막아준다면 이
차는 설사를 유발하기도 해요.

남따끄라이
Lemongrass Tea

레몬그라스! 산뜻한 향이 좋고 비타민이
풍부한 차예요. 판단 잎을 넣어 같이
끓이기도 하죠. 염증을 가라앉히고 소화를
촉진하며 피부에도 좋답니다.

남안찬
Butterfly Pea Tea

'안찬'은 영어로는 버터플라이피라고
부르는 꽃이에요. 태국의 시골에서는
흔하게 볼 수 있는 꽃이죠. 색이 예뻐서
밥에 넣어 색을 내거나, 보라색 국수를
만들 때도 사용한답니다. 머릿결을
튼튼하게 해주는 효능이 있어요.

마지막 시험날

드디어 마지막 날이 되었어요.
바로 시험날!

아약~

↑
시험이 무서운 1인

정해진 시간 안에 주 메뉴 두 가지,
디저트 한 가지.

과일커팅공예까지 해야 했어요.
시간은 짧고 마음은 급하고
아주 혼났어요.

심사는 쏨쌤을 제외한 세 명의 심사위원이 해요.

그리고 드디어…

무사히 시험을 마쳤습니다!

제가 이렇게 태국요리를
배우게 될 줄이야

친절하고 재미있게
가르쳐 주신 쏨쌤!

여러분, 감사합니다!
제가 수료증을 받았습니다! 크으…

태국 가면 뭘 먹어야 할까요?

"태국 가면 뭘 먹어야 할까요?"

"래빗 님, 태국요리 추천해 주세요."

태국에 대해 조금 안다고 알려지고 나서, 가장 많이 받은 질문은 역시 음식이었어요. 그러면 저는 조금 난감한 표정으로 "똠얌꿍?" 정도만 말하죠. "아, 전 똠얌꿍 못 먹어요." "그럼, 쌀국수를 드셔보세요." 그러면 이런 대답이 돌아오죠. "어떤 쌀국수요?"

그러면 저는 미로에 빠진 기분이 되곤 해요. 식성이란 개인마다 다르기에 내 입맛에 맞는다고 다른 사람의 입맛에 맞을 리 없잖아요. 이국 음식이 처음부터 입맛을 딱 사로잡을 리도 없죠. 저도 태국에 처음 살 때 태국음식을 잘 못 먹었거든요.

처음 태국 쌀국수를 먹었을 때는 기름진 국물과 고수 냄새에 질

색했고, 똠얌꿍을 먹을 때는 생소한 갈랑갈과 레몬그라스의 강한 맛에 미간을 찌푸렸죠. 학교 근처의 허름한 식당에서 정체를 알 수 없는 음식들을 마주했을 때의 혼란과 두려움도 기억나네요.

결혼하고 방콕에서 4년 동안 살면서, 저도 이국의 문화에 차차 적응하게 되었어요. 볶음밥부터 시작해서, 그 다음에는 팟끄라파우무쌉, 그리고 쏨땀과 까이양에 맛을 들이기 시작하면서 태국음식에 길들여지기 시작했어요.

하지만 태국음식은 한동안 여전히 미지의 세계였어요. 시장에 가면 모르는 식재료 투성이였고, 생소한 맛에 고개를 갸웃거리게 되는 음식이 늘 있었죠. 이 맛은 대체 뭘까? 어떻게 만들어내는 걸까?

이번에 조금은 충동적이었던 태국 요리 여행을 떠나, 목돈을 들여 정식 요리학원에서 수업을 들으면서 남프릭에 대해 배우고, 커리를 정성스레 만들어 보니, 아, 이게 태국음식이구나! 하는 새로운 깨달음이 있었어요. 태국음식이 세계적으로 그 맛을 인정받고 있는 이유도 알 것 같고요. 미안하지만 그동안 제가 먹었던 태국음식은 조금은 간단하게 만들어진 음식이었다는 생각이 들어요.

모든 음식이 그렇듯 태국음식도 정성이에요. 신선한 재료와 함께 굳이 돌절구라는 힘든 도구를 이용해 윤기가 날 때까지 빻아 만드는 거죠. 신선한 커리페이스트와 코코넛크림을 쓴다면 다른 재료가 필요 없을 만큼 맛있는 커리가 돼요. 팜슈가와 코코넛오일을 제대로 쓰고 균형이 잘 잡힌 태국음식이 정말 맛있다는 것을 이번

수업에서 배웠지요.

잊지 못할 또다른 만남은 평생 태국요리를 정성스럽게 만들고 계신 〈반따르앙〉의 할머니였어요. 〈반따르앙〉은 정말이지 제가 너무도 좋아하는 곳이고 여러분께도 추천해요. 단 이곳은 메뉴를 선택할 수 없고, 할머니가 준비하신 그날의 메뉴만을 먹을 수 있죠. 또 규모가 작아 많은 인원을 받을 수 없어요. 할머니와 함께 가게를 운영하는 손자는 한국을 좋아하지만 한국어나 영어에 능통하지 않아요. 가게를 여는 날인지 SNS에서 확인하고 예약해야 하고요.

〈반따르앙〉 외에도 태국 전통방식으로 음식을 내는 레스토랑들이 있어요. 쏨쌤이 추천한 〈키아우카이카〉(Kiew Khai Ka)라는 곳이 있고, 저도 좀더 대중적인 곳을 추천한다면 〈깝카우깝쁠라〉(Kap Khao Kap Pla)도 괜찮았어요. 서울에는 저와 같은 완디요리학교 (Wandee Culinary School)을 수료한 주인이 하고 있는 〈부아〉(Bua)라는 곳이 있어요.

이번 태국 요리 여행에서 만난 귀중한 사람들이 있어요. 제게 요리를 가르쳐준 쏨쌤은 명쾌하고 훌륭한 선생님이었어요. 제가 태국음식을 잘 이해할 수 있도록 열정적으로 도와주셨어요. 그녀와 함께 시장에 가고, 식당을 찾아다니고, 아버지까지 오셔서 아유타야에 함께 여행 갔을 때의 고마움을 어떻게 표현할지 모르겠네요. 이 책을 쓰는 데는 쏨의 도움이 정말 컸답니다.

또 완디요리학교의 원장인 아짠 완디와의 만남도 빼놓을 수 없어요. 아짠 완디는 나이가 많은 할머니예요. 대학에서 가정학을 전공한 뒤, 태국요리를 연구하고 대학에서 가르치다 학원을 세웠다고 합니다. 지금은 태국 왕실과 함께 나라 전역의 〈잊힌 레시피〉(The Lost Recipies, https://www.facebook.com/TheLostRecipes/)를 찾아 기록하고 영상화하는 작업을 하고 있어요. 이들의 노력과 수고가 태국 전통의 맛을 잘 지키리라 믿어요.

"태국 가면 뭘 먹어야 할까요?"

이 책은 제게 이렇게 물어왔던 분들게 드리는 저의 작은 답변이에요.

한 나라의 문화를 다 설명할 수 없고, 모든 음식을 다 소개할 순 없어요. 또 독자의 입맛을 정확하게 사로잡을 음식을 추천할 자신도 없어요.

그 대신 제가 열심히 배운 태국요리의 기초를 재미있게 설명하려고 노력했어요. 태국요리의 기본이 무엇인지, 어떤 재료가 들어가는지, 어떤 독특한 점이 있는지 소개하고 싶었죠. 태국요리란 이런 식으로 만들어지는구나 하는 정도의 기본 정보를 전해 드리고 싶었어요.

태국에는 《뽁뽁》(Pok Pok)이라는 유명한 요리책이 있어요. 앤디 릭커(Andy Ricker)라는 미국인이 쓴 태국요리책으로 아주 두껍고 세 권이나 되요. 그는 미국인들이 태국음식을 잘 모르는 것이 안타까워서 그 책을 썼다고 했어요. 한국어로 번역되지는 않았지만, 태국음식에 대해 더 자세하게 알고 싶은 분께 이 책을 추천합니다.

2년에 걸쳐 방콕을 방문하고 요리학교에 다니며 그림 그리고 글을 썼어요. 2년 동안 정말 즐거웠어요. 하지만 이건 시작에 불과하겠죠? 배운 것도 잘 연습하고 맛있는 것도 많이 먹어보도록 하겠습니다. 여러분도 태국에 여행 갈 기회가 생긴다면 다양하게 개설되어 있는 태국요리 강좌도 들어보세요. 직접 만든 요리는 분명 사 먹는 것보다 훨씬 맛있을 거예요. 감사합니다. 사왓디카! 폽깐마이나카!(안녕, 또 만나요!)

Andy Ricker with JJ Goode, *Pok Pok: Food and Stories from the Streets, Homes, and Roadside Restaurants of Thailand*(Ten Speed Press, 2013)

Andy Ricker with JJ Goode, *Pok Pok Noodles: Recipes from Thailand and Beyond*(Ten Speed Press, 2019)

Thawithong Hongwiwat, Yada Sringernyuang, *Thai Curry-Favorite Recipes from Home Kitchens All Over Thailand*(SANGDAD PUBLISHING CO.,LTD. , 2015)

Alan Benson, Lulu Grimes, and Oi Cheepchaiissara, *The Food of Thailand - A Journey for Food Lovers*(Murdoch Books, 2003)

Leela Punyarataband, *Bangkok: Recipes and Stories from Heart of Thailand*(Ten Speed Press, 2017)

타위텅 홍위왓(บก. ทวีทอง หงษ์วิวัฒน์), *ไทยจานโปรด: Step by step Home Cooking Recipes* (แสงแดด, 2012)

닛따 홍위왓(นิดดา หงษ์วิวัฒน์), 타위텅 홍위왓(ทวีทอง หงษ์วิวัฒน์), 난 홍위왓(น่าน หงษ์วิวัฒน์), *อาหารตามสั่ง(A-la-carte Fast Food*, แสงแดด, 2012)

Pitmomo, *คลัวบ้านบ้าน(My Little Kitchen 1&2*, Bunbooks, 2018, 2019)

치앙마이래빗

태국 치앙마이로 토껴서 만든 이야기 〈치앙마이, 그녀를 안아 줘〉(옐로브릭),
한국 통영으로 토껴서 만든 이야기 〈바닷마을 책방 이야기〉(남해의봄날)를 쓰고 그렸다.
어린 시절부터 연필만 쥐면 낙서하는 게 낙이었다. 수업 시간에 만화와 소설을 읽다 들켜 벌을
서던 학창 시절을 지내고 그걸로 밥 벌어먹고 사는 토끼 아니, 작가가 됐다.

instagram.com/chiangmarabbit

www.chiangmairabbit.com

치앙마이래빗의
태국 요리 여행

초판 1쇄	2019년 12월 20일
지은이	치앙마이래빗
발행인	임혜진
발행처	옐로브릭
등록	제2014-000007호(2014년 2월 6일)
주소	서울시 용산구 독서당로 6길 16, 101-402 (140-912)
전화	(02) 749-5388
팩스	(02) 749-5344
홈페이지	www.yellowbrickbooks.com